历史的丰碑丛书

法国大革命的英勇战士
罗伯斯庇尔

赵海瑞 赵海晟 编著

吉林人民出版社

图书在版编目(CIP)数据

法国大革命的英勇战士——罗伯斯庇尔 / 赵海瑞,
赵海晟编著 . -- 长春:吉林人民出版社,2011.4 （2025.4 重印）
（历史的丰碑丛书）
ISBN 978-7-206-07590-2

Ⅰ . ①法… Ⅱ . ①赵… ②赵… Ⅲ . ①罗伯斯庇尔
（1758 ~ 1794）—生平事迹—青年读物②罗伯斯庇尔
（1758 ~ 1794）—生平事迹—少年读物 Ⅳ . ① K835.652-49

中国版本图书馆 CIP 数据核字 (2011) 第 039420 号

法国大革命的英勇战士 罗伯斯庇尔

FAGUO DAGEMING DE YINGYONG ZHANSHI LUOBOSIBIER

编　著:赵海瑞　赵海晟
责任编辑:王　斌　　　　封面设计:孙浩瀚
制　作:吉林人民出版社图文设计印务中心
吉林人民出版社出版 发行(长春市人民大街7548号　邮政编码:130022)
印　刷:北京一鑫印务有限责任公司
开　本:787mm×1092mm　1/16
印　张:8　　　　　　　字　数:72千字
标准书号:ISBN 978-7-206-07590-2
版　次:2011年4月第1版　印　次:2025年4月第3次印刷
定　价:35.00 元

如发现印装质量问题,影响阅读,请与出版社联系调换。

编者的话

"欲知大道，必先为史"。

回溯人类的足迹，人们首先看到的总是那些在其各自背景和时点上标志着社会高度和进步里程的伟大人物。他们是历史的丰碑，是后世之鉴。

黑格尔说："无疑，一个时代的杰出个人是特性，一般说来，就反映了这个时代的总的精神。"普希金说："跟随伟大人物的思想是一门引人入胜的科学。"

以史为鉴，面向未来。作为21世纪的继往开来者，我们觉得，在知史基础上具有宽广的知识结构、开阔的胸襟和敏锐的洞察力应是首要的素质要求，而在历史的大背景

中追寻丰碑人物的思想、风范和足迹，应是
知史的捷径。

考虑到现代人时间的宝贵，我们期盼
以尽量精短的篇幅容纳尽量丰富的信息，展
现尽量宏大的历史画卷和历史规律。为此，
我们编撰了这套丛书。

编撰丛书的过程，也是纵览历代风云、
伴随伟人心路、吸收历史营养的过程。沉心
于书页，我们随处感受着各历史时期伟大人
物所体现的推动历史进步的人类征服力量。
我们随着伟人命运及事业的坎坷与辉煌而悲
喜，为他们思想的深邃精湛、行为的大气脱
俗而会意感慨、拍案叫绝。

然而，在思想开始远游和精神获得享受
的同时，我们也随之感受到历史脚步的沉重

和历史过程的曲折。社会每前进一步都是艰难的，都伴随着巨大的痛苦和付出。历史的伟大在于它最终走向进步，最终在血污中诞生了鲜活的"婴孩"。

历史有继承性和局限性，不能凭空创造。伟人也有血肉，他们的思想、行为因此注定了同样具有历史的局限性和阶级的、时代的烙印；他们的功业建立于千千万万广大人民群众伟大创造的基础上。历史是人民群众创造的，伟大的人物们是历史和时代造就的。同时，我们也无法否定此间他们个人的努力。这也正是我们编撰这套丛书的目的。

我们期盼着这套丛书得到社会的认同，对读者，特别是青少年读者之历史感、成就感和使命感的培养有所裨益。史海浩瀚，群星璀璨。我们以对广大青少年读者负责的精神，精心遴选，以助力青少年成长进步，集结出版了《历史的丰碑》系列丛书，敬请读者批评、指正。

历史的丰碑丛书

马克西米利安·罗伯斯庇尔，18世纪法国著名的资产阶级革命家，大革命时期雅各宾政权的领袖，曾任律师和议员。这是一位被政敌骂为"魔鬼"而被崇拜者誉为"救星"的人物。

　　古往今来，大凡有造诣的政治家，无不通古达今，满腹经纶，站在所处时代的制高点上观察世界。虽然饱学之士并非都是智谋超群者，但智谋超群者必是饱学之士。罗伯斯庇尔，曾任律师和议员，以其博学广才、远见卓识而蜚声政坛。

　　生命是一种尝试，政治在一定意义上也是艺术。一个人能从社会金字塔的底端一步步攀上顶峰，他必是一个识时务者和勇于献身者。罗伯斯庇尔之所以成为18世纪法国著名的资产阶级革命家、雅各宾派的领袖，即是如此。

目　录

勤学苦读

油嘴滑舌者常常是思想浅薄之辈。对那些可能会当领袖的人来说，有一条很好的规律：凡有可能的话，就该少摆弄舌头而多开动脑筋。

——尼克松

18世纪的法国，是最典型的封建专制国家。由于连年征战和宫廷贵族奢靡淫逸，从路易十四到路易十五，早已把法国搞得国事日衰、民生凋敝。到路易十五统治末年，饥民暴动此起彼伏，法国财政已经陷于破产的边缘。革命的火药桶咝咝地冒着白烟，爆炸只是时间问题。

值此乱世的状态下，马克西米利安·罗伯斯庇尔来到了人间。1758年5月6日，

→ 罗伯斯庇尔

← 罗伯斯庇尔

罗伯斯庇尔诞生于法国阿尔图瓦郡阿拉斯城。父亲是当地的一名律师，母亲是鲁维尔镇的一位啤酒商的女儿。

自古成大业者大都有一段坎坷苦难的经历。罗伯斯庇尔不到6岁时，母亲便去世了。3年后，父亲又抛弃了罗伯斯庇尔兄妹4人，离开家庭，此后就一直杳无音讯。父亲出走后，罗伯斯庇尔由外祖父抚养和教育。

母亲的亡故、父亲的出走，给罗伯斯庇尔的幼小心灵带来了很大的伤害。他少年老成，沉默寡言，感情从不外露。人们很少见到他与其他孩子一起进行儿童们最喜爱的游戏。他喜欢一个人静静地独处，手托

← 路易十六加冕的皇冠

下巴抑郁地遐思，有时往往一待就是几个小时……

　　但是，沉静的外表、封闭的心灵、内向的性格却有另一面的好处：善于独立思考，虑事比较周密，遇事富有主见，做事专心致志。

　　罗伯斯庇尔从一入校开始，就是一个特别勤奋好学的学生。"他把一切精力都放在学习上，为了学习他什么都疏忽了，学业对他来说是至高无上的。"不久，他在班上就名列前茅。

　　罗伯斯庇尔的外祖父是一个很有正事的人。他认为家乡的阿拉斯中学传授的那点知识，是不能满足小外孙那求知若渴的头脑的，于是就把罗伯斯庇尔送到巴黎路易一世中学去读书。这样，年幼的罗伯斯庇尔不得不远离家乡和亲人，开始了独立的寄宿学校的生活。在这所学校里，雅典、斯巴达和罗马共和国的历史课程，引起了罗伯斯庇尔对社会问题的兴趣与思考，

1775 年 20 岁的路易十六加冕时的画像，存凡尔赛宫国家博物馆。

培养了他爱好自由、民主的精神。

　　油嘴滑舌者常常是思想浅薄之辈，贪玩恋耍者往往造成学识上的荒疏。在中学的 12 年，罗伯斯庇尔学习勤奋，拉丁文和希腊文成绩优秀，得到"罗马人"的外号。1775 年，国王路易十六和王后玛丽·安东尼特在登基典礼后经过学院，罗伯斯庇尔代表全校向国王背诵教师写好的拉丁文献辞。

　　自古英雄多磨难，从来纨绔少伟男。在整个读书求学期间，罗伯斯庇尔非常穷困，人们经常看见他穿

→巴黎大学

让·雅克·卢梭

　　1750年，38岁的卢梭出版了《论科学和艺术》，从而一举成名。

　　一套破衣服，一双开了口子的皮鞋。他到20岁的时候还没有一件礼服。

　　境遇的凄苦，生活的拮据，世态的炎凉，不但没有压倒罗伯斯庇尔，反而使他懂得了如何生存和发展

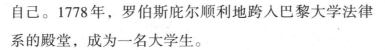

自己。1778年，罗伯斯庇尔顺利地跨入巴黎大学法律系的殿堂，成为一名大学生。

在五光十色的大学里，罗伯斯庇尔一如既往，丝毫也没有改变自己的习惯，还是品行端正，生活简朴，不为周围花花绿绿的世界所引诱，3年就修完了全部学科。由于他刻苦攻读，埋头思考，勤俭自律，过着苦行僧式的生活，因而的确可以说，"他没有尝过青春的滋味"。

人的思想既不是从天上掉下来的，也不是头脑本身所固有的，它是实践的产物、现实的反映和智慧的结晶。罗伯斯庇尔政治观点形成的年代，正是法国资产阶级大革命的前夕。

反封建的政治斗争首先表现在思想战线上。资产阶级思想家们的深刻思想，对社会各阶层人民特别是对第三等级的影响更大。苦难中长大的罗伯斯庇尔，对社会政治问题十分关注。他痛恨这个不平等的世界，一直在寻求打破封建桎梏的途径。应该采取何种方法推翻封建专制制度？如何夺取政权？怎样铲除人间的罪恶？这种种问题终日在他的头脑中盘旋。

罗伯斯庇尔孜孜不倦地阅读启蒙思想家们的著作，力图从中寻找治世药方。在启蒙思想家当中，卢梭的著作对罗伯斯庇尔影响最大。

　　卢梭是小资产阶级民主思想的代言人，他出身于日内瓦钟表匠家庭，青年时长期过着贫苦的流浪生活。苦难的遭遇，人生的艰辛，使他经常思索人类不平等和社会不公正的原因，以及克服这些弊病的方法。他写了《论人类不平等的起源和基础》《社会契约论》等著作。他认为在自然状态时，人是平等的，私有制的产生，使人们失去了天赋的自然平等，私有财产是人类一切痛苦的根源。但同时他又认为，私有财产是文明社会的真正基础，是公民事业的真正保证，私有权是一切公民权中最神圣的权利。他反对大私有财产，却维护小私有财产。他提出"主权在民"思想，认为如果政府违反了人民的意志，侵犯了"不可割让的人民主权"，人民有起义的权利。他为未来的资产阶级民主共和国设计了一幅比较完整的政治蓝图，规定了旨在保障人民的自由、平等和幸福的社会原则。

　　德不优者，不能怀远；才不大者，不能博见。罗伯斯庇尔在大学期间，广泛涉猎，博闻强记。他的学识并不囿于法律，对政治、文学、历史也有浓厚的兴趣。扎实的知识功底、良好的文辞修养、严谨的逻辑训练，使罗伯斯庇尔在日后的工作中能够才思喷涌，雄辩滔滔……

　　随着岁月的流逝，忧国忧民的罗伯斯庇尔对卢梭的崇敬与日俱增。1778年，当他在巴黎大学学习时，登门拜访了卢梭。这次会见使罗伯斯庇尔更加信仰卢梭的政治学说，自称是卢梭的忠实信徒。后来他自己写道："圣人啊！你教会我认识自己，你教会我在年轻时就尊重自己的人格，对社会秩序的重大原则进行思考。""在你最后的日子里，我见到了你。这段回忆是我骄傲和欢乐的源泉；我凝视着你那庄重的面容，看到了人们不公正的行为给你带来的深切忧虑的痕迹。"

站在"圣人"的光环下，罗伯斯庇尔的身上也涂上了神圣的色彩。由于他的学识和思想，随着时间的推移，人们对他开始刮目相看了。

一位哲人说："狡诈者轻鄙学问，愚鲁者羡慕学问，惟聪明者善于运用学问。"在后来的革命过程中，罗伯斯庇尔一直力图把卢梭的思想付诸实践。

路易十四

1638年9月5日，路易十四诞生于圣日耳曼的王室城堡。他是法王路易十三和王后奥地利的安娜（虽然她的称号是"奥地利"，但事实上她是一位西班牙公主，西班牙国王腓力三世的女儿）的长子。1643年，路易继任法兰西国王，那时他还是个年幼的孩子，之后一直统治法国到1715年其生日前4天去世为止，享年77岁。

路易十四22岁时才开始对统治国家感兴趣，令所有人吃惊的是，他相当擅长此道。路易十四统治法国前后达72年之久。因曾在话剧中出演过太阳神阿波罗，他被称为太阳王，是世界上执政时间最长的君主之一。

路易十四在当时被看作一个奇迹，因为他的父母结婚23年没有子女。他4岁时就登基做国王了，他的母亲奥地利的安娜代他执政。直到1661年茹尔·马扎然死后他才开始亲政。他是欧洲君主专制的典型和榜样。

路易十四执政的54年中（1661—1715），把国王的权力发展到了顶峰。在政治上他崇尚王权至上，"朕即国家"，并且用"君权神授"来为王权至上制造理论依据。路易十四对贵族实行高压政策，取消巴黎高等法院对国王敕令的指摘权，拒绝召开王国三级会议，对敢于反叛的外省贵族无情镇压；同时建造凡尔赛宫，把各地大贵族宣召进宫，侍奉王室。路易十四还向各省派驻"司法、警察和财政监督官"，整顿军备扩充兵源，引进新式武器和先进技术，并把各省军队的调度权控制在中央手里。在思想上，要求全体臣民一律信奉天主教。在经济上，路易十四将经济问题交给了科尔伯，推行重商主义。

路易十五

路易十五是太阳王路易十四的曾孙，他很敬佩曾祖父路易十四，称路易十四为"我亲爱的国王爸爸"。太阳王去世前召见了他且给予其最后的忠告，即少战事，要做一个关心人民疾苦的温和国王，这令他非常感动。

路易十五5岁便登基，但奥尔良公爵菲利浦二世为当时的摄政王。1725 年 9 月 5 日，他与 21 岁的波兰公主玛丽·蕾姗斯卡结婚，他们共育有 10 个子女。

在 1715 年至 1774 年期间，他神奇地延续着整个濒死的家庭，他执政的早期受到法国人民的喜爱。但是，他无力改革法国君主制和他在欧洲绥靖政策，使他失去了人民的支持，并且在他死后成了法国的最不得人心的国王之一。

法国顶尖中学——路易大帝高中

路易大帝高中是法国最著名的中学之一，建校于 1563 年，至今已有 4 个世纪。它甚至或多或少地直接影响了法国的历史。它曾经被认为是法国教育教学的模范学校，是法国一代又一代热爱科学的年轻人追求的目标。太阳王路易十四、拿破仑，以及许多主教都参观过，并留下深刻影响，路易十四还赐给学校一幅大型油画，以纪念这次参观。

从路易大帝高中走出的名人不计其数，他们曾经在各行各业为法国贡献自己的劳动与智慧，有著名的数学家、群论创始人伽罗华，文学家伏尔泰。

卢　梭

　　让·雅克·卢梭（1712—1778），法国伟大的启蒙思想家、哲学家、教育家、文学家，是18世纪法国大革命的思想先驱，启蒙运动最卓越的代表人物之一。罗伯斯庇尔就是卢梭的忠实信徒，被称为"行走中的卢梭"。

　　在哲学上，卢梭主张感觉是认识的来源，坚持"自然神论"的观点；强调人性本善，信仰高于理性。在社会观上，卢梭坚持社会契约论，主张建立资产阶级的"理性王国"；主张自由平等，反对大私有制及其压迫；提出"天赋人权说"，反对专制、暴政。在教育上，他主张教育目的在培养自然人；反对封建教育戕害、轻视儿童，要求提高儿童在教育中的地位；主张改革教育内容和方法，顺应儿童的本性，让他们的身心自由发展，反映了资产阶级和广大劳动人民从封建专制主义下解放出来的要求。主要著作有《论人类不平等的起源和基础》《忏悔录》《爱弥儿》等。

继承父业

> 品德，应该高尚些；处世，应该坦率些；举止，应该礼貌些。
>
> ——孟德斯鸠

在缺乏民主机制的封建专制社会中，人际关系显得尤为重要。有些后来成为政治家的人，就是巧妙地利用或依靠人际关系才得以跻身于政治生活的上层。人际关系是他们登上权力宫殿的阶梯；是他们最初的政治通行证。罗伯斯庇尔踏向权力之门的助推剂，也正是他的人际关系。

1781年罗伯斯庇尔在巴黎大学毕业后，返回家乡继承父业当了一名律师。在阿拉斯最著名的律师之一利博雷尔先生的推荐下，年轻的罗伯斯庇尔进入了阿图瓦郡法院。利博雷尔先生认识罗伯斯庇尔的父亲，他的支持为罗伯斯庇尔开始自己的律师生涯带来了方便。

1782年3月9日，幸运之神再一次光顾罗伯斯庇尔。阿拉斯主教决定任命他为阿拉斯主教府的法官，

→阿拉斯教堂

以填补刚去世的德拉尔赛先生的空缺。这个差使并不很忙，但是十分重要。它可以裁判该地区一切民事、刑事诉讼案件和起诉，可以得到相当可观的各种好处。这样，24岁的罗伯斯庇尔就得到了他的同行们干了10年或12年还很难取得的地位。这除了罗伯斯庇尔的才学外，还因为利博雷尔是圣瓦斯特大教堂的法官，在教会里很受尊重，他及时地支持了罗伯斯庇尔。

有了一定的政治地位，相应而来的是较优厚的经济待遇。现在的罗伯斯庇尔过的已是一种体面的有产者的生活，物质上无忧无虑了。他一改过去的沉默寡言、对人对己均很严格的少年形象，变得豁达文雅颇有风度。尽管他身材矮小，但眉清目秀，并且懂得向女人讨好、献殷勤。他妹妹的一个朋友埃德小姐首先引起了他的好感。不久以后，除了这位姑娘外，也出现了其他女人的倩影。她们都想得到这位文雅潇洒、

倜傥风流的年轻律师的青睐。

　　1782年7月左右，在罗伯斯庇尔的生活里，另一个杰出的人物出现了，他就是比萨尔先生。在以后的几年内，他对罗伯斯庇尔成长的影响作用是明显的。

　　比萨尔先生在阿拉斯是一位声名显赫的人物。此人不仅作为律师享有盛名，而且以当地最了不起的物理学家之名受人赞誉。正由于他享有学者兼发明家声誉的缘故，人们才选中他在著名的"避雷针案件"中去为遭受迫害的科学事业进行辩护。

　　避雷针事件指是1783年，在阿拉斯附近居住的德·维塞尔因在自己家屋顶安装富兰克林发明的避雷针引起邻居抗议而被判刑。他的罪名是：把雷电引到自己同胞的头顶。

　　在当时，教会是禁止安装避雷针的，就是许多学者也认为在建筑物上安装避雷针是一个十分危险的举措。

　　比萨尔为了论证避雷针的科

← 罗伯斯庇尔

→缝衣女

学性和它不会"激起上天的盛怒",写了一篇长达 96 页的诉状。然后自己以他在法律界的地位,决定委托一名年轻的同行出面做口头说明。

机遇选择了罗伯斯庇尔。一是因为不久前罗伯斯庇尔被任命为主教府法官,以年轻有为而崭露头角;二是罗伯斯庇尔举止文雅、品行端方、为人正派,在宗教界有可利用的关系;三是比萨尔夫人,一个泼辣而又专横的女人,对罗伯斯庇尔很有好感。

为了取得别人的赏识,善于"推销自己"是很重要的。罗伯斯庇尔懂得这个道理,他利用"避雷针讼案"的成功进行自我宣传,以扩大自己的知名度。在别人的支持下,他把自己的两篇辩护词印成小册子出版,并将一些印本馈赠给某些有影响的人士表示敬意。

两篇辩护词的出版使年轻的罗伯斯庇尔在他那个偌大的家族里一举成名。官司一结束,卡尔万的表兄弟们就邀请他去玩几天。在卡尔万期间,他给比萨尔发了一封相当长的信,叙述了自己的荣耀。据他说,

全城的百姓倾巢而出前来欢迎他。"各阶层的公民争先恐后急于见到我们。鞋匠放下手中准备扎鞋底的工具，前来好好地端详我们；理发师撇下刚刮了半面胡子的顾客，手里拿着剃刀来迎接我们；为了满足其好奇心，家庭主妇竟顾不得在火上的馅饼有被烤焦的危险了。我看到三个长舌妇女中断了她们叽叽喳喳的神聊，飞也似的跑到窗口。"罗伯斯庇尔这样写的目的，无疑是向他的靠山暗示，他正在成为一个受到人群欢呼的重要人物。

　　罗伯斯庇尔在执行律师业务的头一年，就以其自身的精明和卓越的辩护词引起了社会普遍的注意，但

←灯下手工

这位卢梭的信徒并未忘记自己的真正使命，即为一切弱者、被压迫者和穷人出庭辩护。他从《社会契约论》中吸取宝贵词句的同时，也吸取了热爱人民的思想。

罗伯斯庇尔的确是一个公正不阿的辩护人，他决不肯为了高额的酬金去为分明不公正的讼案辩护。相反，却常有这样的事：他非但不向无钱付讼费的当事人索取应得的酬金，反而自己掏腰包帮助他。罗伯斯庇尔在从事律师的工作中，孜孜不倦地为受屈者和受辱者申冤辩护，从来不怕得罪有钱有势的人。

他曾受理农民向当地有势力的一名主教起诉的案件，也曾对一个僧侣提出诉讼，因为这个僧侣诽谤了一个敢于反抗他调戏的姑娘。这个在当时看来是盲人点灯——白费蜡的事，罗伯斯庇尔却偏要做。他竭尽全力，大义凛然，据理力争，不仅使法庭宣告僧侣有罪，而且还使姑娘从"神父"那里获得一笔巨额赔款。

罗伯斯庇尔不畏权贵，抗拒流弊，同情穷人，捍卫正义，这使他的声望扶摇直上，深受当地群众的尊敬和爱戴。

踏 上仕途

社会就是书，事实就是教材。

——卢 梭

　　18世纪的法国，等级制度森严。整个社会由界线分明的三个等级构成：第一等级为僧侣，第二等级为贵族，第三等级包括资产阶级、城市平民和农民。第一、第二等级是特权等级，他们人数仅占全国人口的1%，却占有全国耕地的30%，并且把持着国家的军政宗教大权。他们不仅利用自己的权力巧取豪夺，还通过国王得到丰厚的赏赐，过着穷奢极欲的生活。随着资本主义的发展，第三等级中的资产阶级不但掌握了国内的工业、银行、信贷，也操纵对内对外贸易，他们日益成为法国社会生活中最富有最强大的阶层，但在政治上却处于无权地位，而且进一步发展资本主义的活动又受到封建行会、关税等专制制度的束缚。城市平民深受特权等级的压迫歧视，负担沉重的捐税，生活困苦不堪。占人口90%却只拥有全国耕地30%—

18世纪的法国农民生活悲惨。教士压在农民的前半身，贵族压在后半身。老农衣衫褴褛，面容憔悴，勉强支持佝偻的身体。

40%的广大农民，除了向地主缴纳地租和各种租税外，还要向国家交纳财产税、军役税，向教会交纳什一税，一年所得，所剩无几，即使丰年旺岁，也难维持温饱。而作为一国之君的法国国王却极尽腐败堕落，路易十五宣称"在我死后，哪管洪水滔天"。1774年路易十六继位后，更是吃喝嬉戏，寻欢作乐，不理朝政。王后玛丽·安东尼挥金如土，使得国家财政更加拮据不堪。

1788年7月间，法国发生了严重的风雹灾害，农业歉收，粮价飞涨，副食品奇缺。这年冬天天气特别寒冷，工农大众啼饥号寒，处境极为悲惨。在这种非常严重的情况下，国王与宫廷仍然挥霍无度，有增无减。他们为了捞钱，甚至不惜挪用伤兵院和救济风雹灾难的难民基金。

天灾人祸，使举国上下怨声载道，城乡暴动此起彼伏，一场革命的大风暴就要到来了。

为了摆脱政治困境，解决财政危机，国王路易十六决定召开三级会议，蓄意以此缓和矛盾，并达到征收新税的目的。

　　智慧的花朵开放在竞争的土壤上，谋略的创造需要冷静的头脑。1788年7月5日，国家行政法院颁布了一项决定，请"所有学者和有教养的人士向司法大臣提供"有关三级会议的"情况和专论"。这项呼吁得到了王国每个角落的广泛响应。这是一次大显身手的机会，罗伯斯庇尔自然不会袖手旁观。但他却避免了大多数好心的谋士所犯的错误，这些人向司法大臣提供了一大堆玄妙的所谓万无一失的"计划"，旨在使国家立即摆脱一场燃眉之祸。罗伯斯庇尔一开始就明智地给自己限定了一个行动范围。他懂得更为谨慎和见效的办法是，首先瞄准一个眼前直接可以看见的目标。

←三级会议

因此，罗伯斯庇尔不是对全国，而是仅对省里老百姓说话。他打算触及的并非本国政府，而是面向地方当局。他眼前要谈的也并非王国三级会议问题，而是阿图瓦郡的三级会议。他准备揭发后者的胡作非为。

罗伯斯庇尔以发表题为《告阿图瓦郡人民书——论改革阿图瓦三级会议的必要性》的文章，开始了他的政治生涯。

在这本小册子中，他指出：郡的三级会议并不代表人民的意志，只是现存政权的一个俯首听命的附属物。他列举了一些令人愤慨的滥用公款的例子，指出

第三等级宣誓 版画 法国 1789年

这幅画表现了法国第三等级即平民的代表，在参加三级会议期间，于1789年6月20日在凡尔赛宫球场宣誓的场面。为体现人们的盲目与狂热的情绪，画家使自由女神也从天上赶来了。

"三级会议的账目报告总是与一次盛宴联系在一起的，查账成了摆筵席的时机和借口。"

罗伯斯庇尔写道：第三等级所受的压迫不胜枚举，他们必须供应军队粮秣，提供营房，负担总督、地方长官、各级军官和官吏的房租。其中农民的处境尤为困难——"在我们的乡村里，人民到处备受压迫，他们绝望地用眼泪灌溉自己白白辛勤耕种的土地。由于贫困，大部分乡民竟然陷入这样的地步：他们只想着如何维持自己的可怜的生活，已经无力意识到自己的权利，更无力去铲除自己灾难的根源。"

在描述了第三等级和农民所受的压迫后，罗伯斯庇尔说，在这种状况面前保持缄默就是犯罪——"当圣殿的敌人如此狂妄竟敢嘲弄人类的时候，难道我还缺乏必要的勇气为人类的权利呐喊吗？在这千载难逢的时刻，真理发出了权威的声音；在握有不义之权的邪恶势力应在获胜的正义和公理面前发抖的时候……难道我还要对他们表现懦弱，保持犯罪的沉默？啊！让我们继续证明必须摆脱他们强加在我们身上的桎梏，并用新的事实说明，人民只能从违反宪法的贵族那里得到极度的蔑视，而人民却让他们篡夺了权力。"

这本小册子很受群众欢迎，在短短的时期内就印了两版。由于罗伯斯庇尔同情第三等级，坚决反对封

→三级会议代表的签字

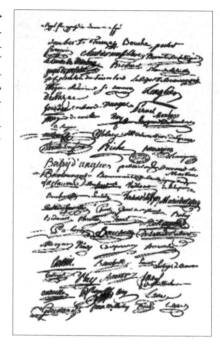

建统治，提出一些民主主张，因而受到第三等级的热烈拥护。在阿图瓦郡，人们都交口地谈论着要推选罗伯斯庇尔为全国三级会议的候选人。

1789 年初，随着资产阶级革命形势的成熟，罗伯斯庇尔被推选为阿图瓦郡的第三等级的代表。5 月 3 日，他离开家乡，肩负着重托去巴黎近郊的凡尔赛参加全国的三级会议。

罗伯斯庇尔当选为三级会议的代表，是他一生的转折点。现在，这位享负盛名的阿拉斯城的律师即将跳出纯粹地方利益的小圈子，走上全国政治斗争的广阔道路。他认清了当前工作的重要性，就毫不惋惜地离开阿拉斯城，甚至还把同当地的一位女亲戚结婚的念头置于脑后。他离开家乡不久，这位女亲戚就嫁给了另外一个人。

罗伯斯庇尔离开阿拉斯城时年满 31 岁。当时他精

←凡尔赛宫

力充沛，激情满怀，英气勃发，斗志昂扬，绝没有想到未来革命的5年会是他一生中最后的岁月。可是，这是多么重要的5年！这5年充满了残酷的政治斗争，有胜利的欢乐，也有失败的痛苦；这5年使一个普普通通的外省律师成为革命和民主的最伟大的领袖之一。

相关链接
XIANGGUAN LIANJIE

三级会议

三级会议是法国中世纪的等级会议，所谓"三级"是指会议的参加者教士、贵族和市民三个等级。三级会议只是在国家遇到困难时才召开。

1300年，法国与佛兰德交战，财政支出增加。腓力四世向法国教会征税，遭到罗马教皇卜尼法斯八世拒绝，双方发生冲突。为了争取社会各阶层的支持，1302年腓力四世召开第一次三级会议。英法百年战争时期，为了抵抗外敌，三级会议有权监督政府。16-17世纪初，专制王权加强，三级会议的权力被削弱。从1614年到路易十六统治时期，三级会议中断了175年。法国大革命前夕，由于国王财政困窘，被迫重新召开三级会议。第三等级代表（包括资产阶级）要求取消等级区分，按人数表决。提出三个等级一起开会，共同审查代表资格的建议。在遭到拒绝后，第三等级于6月17日自行召开国民议会。至此以等级为基础的三级会议完成了历史使命。

为民请命

> 真理喜欢批评，因为经过批评，真理
> 就会取胜；谬误害怕批评，因为经过批评，
> 谬误就要失败。
>
> ——狄德罗

　　智慧的运用从某种角度来看，可以说就是对各种
关系的艺术把握。

　　罗伯斯庇尔到达凡尔赛以后，就开始同一批素不
相识的人士打交道，建立了一些有用的关系。他处事
小心谨慎，深思熟虑。在复杂多变的力量交汇中，他
知道自己的方向所在，他不会让别人把自己引到大路
两旁比比皆是的崎岖小道上去。他一方面为自己选择
几个任何初露头角的政治家所必不可少的立足点，同
时又十分注意不使自己完全被卷进任何一个派别或集
团。清醒地分析形势，恰当地表现自己，明智地采取
行动，使罗伯斯庇尔在较短的时间内，就显示了十分
鲜明的个性，为众人所瞩目。

　　当然，罗伯斯庇尔的声望之船最根本的还是行驶

在民众的海洋之上。水能载舟，亦能覆舟，关键是看船如何行驶。

1789 年 5 月 5 日，三级会议在凡尔赛宫正式开幕。由于选举资格的限制，即要当选代表，必须缴纳相当一个银马克（等于 54 个法郎）的直接税，而且还必须拥有不动产的规定，使第三等级的代表主要是律师、官吏、商人等，贫苦的工人和农民一个也没有当选。于是广大的工农群众便把希望寄托在一些资产阶级的代表身上。他们积极支持第三等级的代表，不断举行声援活动。

在巴黎群众革命情绪的鼓舞下，第三等级的代表

→ 三级会议

决定自行召开"国民会议",宣布他们是"全体国民的使者"。7月9日,第三等级索性又把国民会议改为制宪议会,准备着手制定宪法,改革国家体制。

最初,罗伯斯庇尔在国民会议上的演说几乎没有人听,有时还遭到自由资产阶级多数派的齐声嘲笑;罗伯斯庇尔的演说词,报纸上一般不登,有时只登上寥寥数行无关紧要的话。

路易十八

在1789年的法国三级会议上,他曾经支持第三等级更多的代表。

但是,罗伯斯庇尔很快就获得了公众的欢迎。农民、小手工业者及其帮工、小商贩、破产的家庭手工业者以及当时还很分散、无组织、政治上没有觉悟的工人,都认为罗伯斯庇尔是自己利益的代表者。他们都急切地想听他的演说。

罗伯斯庇尔是一个真正的民主主义者。当资产阶级自由派人士用傲慢的轻视口吻谈论人民,说人民无非是"坏蛋"、是"无知之徒"的时候,罗伯斯庇尔就

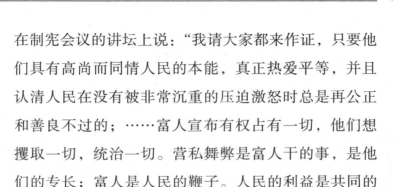

在制宪会议的讲坛上说："我请大家都来作证，只要他们具有高尚而同情人民的本能，真正热爱平等，并且认清人民在没有被非常沉重的压迫激怒时总是再公正和善良不过的；……富人宣布有权占有一切，他们想攫取一切，统治一切。营私舞弊是富人干的事，是他们的专长；富人是人民的鞭子。人民的利益是共同的利益；富人的利益则是个人的利益。"

罗伯斯庇尔是最先把第三等级中资产阶级与民众区别开来的人。

罗伯斯庇尔的这篇演说于1791年4月在报上发表，轰动一时。

1789年7月14日，一个震撼世界的日子。巴黎人民攻陷了象征着封建专制的巴士底狱，揭开了法国大革命的序幕。为了纪念这一伟大的革命，法国人民把7月14日作为法国的国庆节。但是，由于法国人民在政治上还太幼稚，因而使这次用鲜血取得胜利的果实，完全被大资产阶级篡夺去了。

1789年8月26日，在人民革命的推动下，制宪议会通过了《人权宣言》。它宣布了自由、平等、博爱的原则，沉重打击了封建等级特权。从1789年8月到1791年间，制宪议会一方面逐步地制定宪法，一方面随着批准就把宪法个别条款付诸实施。这个宪法一直

到1791年才正式完成，所以把它叫作1791年宪法。

1791年宪法比《人权宣言》倒退了一步。它既未解决农民的土地问题，也没有从根本上摧毁封建制度。在国家体制上，它宣布法国实行君主立宪制；在选举权上，它规定了资格限制制度。根据资格限制制度：能够缴纳直接税的称为积极公民，有选举权；不能缴纳直接税的称为消极公民，没有选举权。当时，在法国的2600多万人口中，仅有400多万人能够参加选举。在全国人口中占绝大多数的劳苦大众，被剥夺了选举权。此外它还禁止工人集会、结社、请愿和罢工。

崇拜卢梭学说、笃信共和主义的罗伯斯庇尔，对宪法中的一些反动法令是持批评态度的。尤其是宪法中关于选举资格限制和剥夺工人请愿权的规定，令他怒不可遏。

罗伯斯庇尔在制宪议会上驳斥拥护选举资格限制的人说："你们借口穷人在选举中可能被收买，就以此为理由剥夺他们的选举权，但是请问，你们有什么理由认为艰苦的劳动生活反而比娇生惯养、爱慕奢侈和好求虚荣的生活更容易产生恶习呢？难道你们认为，因受选举资格限制几乎永远不可能成为享有投票权的公民的农民和手工业者，不如包税金融家们、廷臣们和你们所谓的大人老爷正直吗？""你们剥夺了最关心

一人权宣言

保卫自由的公民的投票权，而把国家的命运交给一小撮富人和贪图功利的人去摆布，这样你们就帮了专制政体和显贵们一个大忙。"

在请愿权问题上，罗伯斯庇尔指出："请愿权是全体公民不可剥夺的权利；专制政权尚且接受自己臣民的奏疏，而现在人民代表却反而不愿倾听人民的正义要求！……"他接着说："我首先捍卫的是最贫穷的人的利益，因为越是软弱和越是不幸的人，就越需要请愿权。"

早在革命初期，罗伯斯庇尔就是以一切被压迫者和穷人的最忠实的代言人的姿态出现的。在这一点上他始终如一、坚定不移。因而法国的人民群众都热烈地拥护他、支持他。但是，国民议会是由资产阶级所把持的，他的建议照例遭到否决。

罗伯斯庇尔猛烈地抨击选举资格限制制度，他是最先提出普选权要求的人中的一个。他说："根据我们

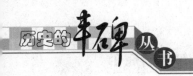
的全部法令，任何公民都有权参与立法活动，因此，不管他的财产多寡，都享有选举权和被选举权。"在这点上，罗伯斯庇尔鲜明地表现了自己民主主义的立场和观点。

在复杂多变的局势中，罗伯斯庇尔目光深远，见微知著，他预感到雅各宾俱乐部在革命中将起重要作用。因而他就积极参加雅各宾俱乐部的活动，把自己

←巴黎人民攻占巴士底狱

的命运跟这股新兴的政治力量联合在一起。不久，罗
伯斯庇尔就成为雅各宾俱乐部最有威望的成员了。
1790年4月，他被推选为雅各宾俱乐部的主席。

　　谋略是活力对抗中撞击出来的火花，技巧得自于
挫折失败的磨炼。在唇枪舌剑斗智斗勇的交锋中，在
污辱、谩骂、嘲笑、起哄、攻击、误解的漩涡中，罗
伯斯庇尔始终有一个根深蒂固的信念：坚决站在穷人
一边，只有自己才代表革命的未来。因此，他以自信
的态度对待面临的一切，并学会了吸引驾驭听众的艺
术和如何对付别人打断他发言的本领。

　　他发表演说，有力抨击选举中的资格限制；坚决

一巴黎人民攻占巴士底狱

← 人权与公民权利宣言

反对议员连选连任；公开揭露保皇党的阴谋手脚；大胆戳穿特权等级践踏人民的自由；强烈呼吁实行普选制度；无情痛斥卖身求荣、投靠宫廷的走狗；明确主张人民的意志高于一切；等等。

他的敏锐透彻、铿锵有力的言辞，在全国范围内激起了强烈的反响。追求革命的人们都怀着崇敬的心

→ 雅各宾俱乐部

情，注视着罗伯斯庇尔。连那些默默无闻、素不相识的老百姓，只要听到罗伯斯庇尔的声音，就觉得自己有义务向他表示敬意。

得人心者得天下。罗伯斯庇尔，这颗政治明星升起来了！

相关链接
XIANGGUAN LIANJIE

凡尔赛宫

凡尔赛宫位于法国巴黎西南郊外伊夫林省省会凡尔赛镇，作为法兰西宫廷长达107年（1682–1789）。1979年被列入《世界文化遗产名录》。

凡尔赛宫始终是法国封建统治历史时期的一座华丽的纪念碑。从内容上讲不仅是法兰西宫廷，而且是国家的行政中心，也是当时法国社会政治观点、生活方式的具体体现。它是欧洲自古罗马帝国以来，第一次表现出能够集中如此巨大的人力、物力、财力的专制政体力量。

镜厅是凡尔赛宫里最豪华的厅堂

　　当时，路易十四为了建造它，共动用了三万余名工人和建筑师、工程师、技师，除了要解决建造大规模建筑群所产生的复杂技术问题外，还要解决引水、道路等各方面的问题。可见，凡尔赛宫的成功，有力地证明了当时法国经济和技术的进步和劳动人民的智慧。从艺术上讲，凡尔赛宫宏伟壮丽的外观和严格规则化的园林设计是法国封建专制统治鼎盛时期文化上的古典主义思想所产生的结果。几百年来欧洲皇家园林几乎都遵循了它的设计思想。

　　凡尔赛宫的建筑风格引起俄国、奥地利等国君主的羡慕仿效。彼得一世在圣彼得堡郊外修建的夏宫，玛丽亚·特蕾西亚在维也纳修建的美泉宫，腓特烈二世和腓特烈·威廉二世在波茨坦修建的无忧宫，以及巴伐利亚国王路德维希二世修建的海伦希姆湖宫都仿照了凡尔赛宫的宫殿和花园。

雅各宾俱乐部

雅各宾俱乐部，又叫"雅各宾党""雅各宾派"。法国大革命中最著名的政治团体，后来与极端平均主义和暴力密不可分，从1793年中至1794年中领导过革命政府。

雅各宾派起源于凡尔赛的布列塔尼俱乐部。1789年常于雅各宾修道院集会，故名"雅各宾俱乐部"，1791年7月和1792年10月，君主立宪派和吉伦特派先后分裂出去，雅各宾俱乐部成为以罗伯斯庇尔为首的激进分子的法国大革命之主派。1793年6月，推翻吉伦特派的统治，取得政权。在内忧外患的情况之下，雅各宾俱乐部实行雅各宾专政，组织爱国力量，打击国内外的反革命势力，限制资产阶级的投机活动，规定物价的最高限额，消灭封建制度，赢得了革命的胜利。但雅各宾俱乐部内部意见不一。丹东派在1793年秋冬主张放松雅各宾专政，阿贝尔派则主张加强雅各宾专政。罗伯斯庇尔先后镇压了两派领导人。7月27日的热月政变结束了雅各宾俱乐部的政权和雅各宾专政。1794年7月，领袖罗伯斯庇尔被处决，雅各宾俱乐部关闭。

力倡共和

> 每一位公民，为了你们自身的自由，也为了你们自己子女的命运，只有拿起武器，在保卫祖国和信仰的斗争中不惜牺牲地战斗，全民族的复兴在呼唤着我们！
>
> ——彼得罗维奇

革命是历史的火车头，是千百万群众的事业，它的目的是打碎一个旧世界，建立一个新世界。国王路易十六不甘心放弃封建君主的绝对权力，拒绝批准制宪议会的法令和《人权宣言》。

宫廷贵族的反革命气焰也十分嚣张。他们大宴卫队，煽动军官拥护皇室，暗中计划让国王逃走。显然，宫廷正准备搞一次反革命政变。那时，巴黎物价飞涨，投机猖獗，饥荒严重，人们苦于终日排队等候面包。当巴黎人民听说宫廷又要搞反革命政变，非常气愤。1789年10月5日，巴黎发生了群众游行示威，高呼我们要面包！有些妇女高喊到凡尔赛去。顷刻之间，有6000多名妇女集合起来，向凡尔赛前进。她们不顾卫

队的阻拦，冲入王宫，要求面包，要求国王批准《人权宣言》，要求国王回巴黎。

在人民群众的强烈要求下，路易十六胆战心惊地出现在阳台上，宣布批准制宪议会的法令和《人权宣言》，并愿随同群众回巴黎。从此以后，国王与王后便处在巴

饥饿的巴黎妇女拖拽着大炮，挥舞着长矛，向凡尔赛宫行进。她们要向国王路易十六索要面包。这一行动，向推翻君主制并最终处死国王，迈出了第一步。

黎人民众目睽睽的监视之下，他们再也不敢公开地搞反革命活动了。当然，顽固的宫廷贵族，贼心不死，还要伺机而动，梦想复辟。

1791年6月20日，路易十六经过一番乔装之后，偷偷地逃出了巴黎。他妄想逃到国外，依靠奥、普、俄等国封建君主的帮助，组织逃亡国外的贵族，打回法国，扼杀革命。当他逃到离国境不远的发棱镇时，被当地邮局局长德鲁叶识破，遭到群众扣留并押回巴

→出逃的路易十六被押回巴黎

黎。如何处理国王？这个问题在全国各阶级、各政治派别中展开了激烈的争论。

在政治危机时期，公众舆论是极易受影响的。舆论导向如何，事关重大。

罗伯斯庇尔可以称得上是操纵舆论的专家。作为雅各宾俱乐部的成员，他总是最早来到俱乐部，身后跟随着一群忠实的追随者。他非常巧妙地利用一些成员姗姗来迟的机会，把自己的名字写在报告发言名单的最前面。这就是为什么从1791年底到1792年4月罗伯斯庇尔在雅各宾俱乐部讲台上的发言多得出奇，可以说没完没了地讲话的原因。

但是，光自己讲还不够，还要善于该别人讲话的时候就让别人讲话，而且可以讲得更多一些；而在不

该别人讲话的时候就有办法不让他们讲话。罗伯斯庇尔为此采取了什么样的计策呢？他的一位政敌这样描述道："罗伯斯庇尔啊，当你的舌头停下来休息的时候，你的身体又忙碌起来，到处出席会议……你既不是主席又不是秘书，你却坐在主席台上很显眼的地方……在那里，你那时刻转动的眼睛在整个大厅里扫来扫去……在那里，你吸引了旁听席上听众的注意力，要求他们给予帮助和赞扬；从那里，你向男信徒瞅一眼、向女崇拜者用望远镜看一下，这就是你对他们的犒赏；从那里，你让你的助手们传达命令，这些人不停地从会场中心飞也似分散到会场两侧，在一些重要场合，他们20分钟换20个地方，跑遍整个会场；从那里，你无所顾忌地用手势向人们表示应让哪些人讲话，

←法国凡尔赛宫

应让哪些人沉默；有时人们甚至看见你在命令主席是应该还是不应该付诸表决。"

路易十六的逃亡激起群众的无比愤怒，巴黎人民撕毁国王肖像，要求废黜国王，建立共和国。以罗伯

路易十六肖像画　A·F·卡兰特

19世纪虽然身着加冕礼服的路易十六也是气度非凡，但与他将要面临的结局却是大相径庭。国库空虚、债台高筑，灾情严重、饿殍满地的全线危机之中，路易十六一如既往地浑然不觉。

斯庇尔为首的资产阶级民主派，发表告人民书和宣言，揭露国王的叛逆罪行，大肆宣传建立共和国，号召人民进行斗争。那时，共和的呼声响遍了巴黎和全国。但是，由大资产阶级控制的制宪议会无动于衷，继续袒护国王。

当权的君主立宪派为了保护国王，散布谎言说："国王逃跑不是出于自己的意志，而是被人拐骗走的"，把全部过错都推到"愚蠢的出谋献策者"身上。他们根据1791年宪法中"国王的人身神圣不可侵犯"的条文，坚决反对惩处国王。罗伯斯庇尔反驳说："国王是不可侵犯的，但是人民不也是不可侵犯的吗？国王不可侵犯是建立在虚构之上；人民不可侵犯则是建立在大自然不可违反的权利之上。而你们用不可侵犯的盾牌来掩护国王，怎能不将人民的不可侵犯性作为国王不可侵犯性的牺牲品呢？"他的犀利话语，击破了君主立宪派的欺骗，鼓舞了革命群众的斗志。

1791年7月15日，制宪议会一意孤行，宣布国王无罪。这更加激起民主派和广大群众的愤慨。7月17日，在民主派的号召下，有9000工人和其他劳苦大众在马斯校场集合。当群众准备在要求国王退位和建立共和国的请愿书上签字时，国民自卫军和炮兵奉命前来镇压集会的群众，群众投石抵抗。于是士兵枪炮齐

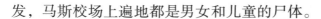
发，马斯校场上遍地都是男女和儿童的尸体。

马斯校场事件说明了君主立宪派公开背叛革命和人民，原先统一的第三等级已经分裂成两个极端敌对的阵营，即资产阶级和民众。

1791年9月14日，国王批准了宪法。同年9月30日，制宪议会解散。在制宪议会解散的那一天，国王发表了宣言，其中说道："革命业已结束，愿太平盛世重新降临全国。"10月1日，新选出的立法议会正式开幕。

立场问题

这幅大革命时期广泛张贴的宣传画是对人们的警告，意在提醒人们"立场站在哪边"的问题。当时头戴红色羊毛帽是表示支持革命。

由于选举资格的限制，资产阶级分子在议会中占了绝对的优势，贵族和僧侣代表仅占少数。但是，民众代表的人数更少，在766名代表中只有3个农民和4个手工业者。

罗伯斯庇尔没能当选。因为制宪议会有规定：凡是制宪议会的议员一律不得当立法议会的代表。因此，罗伯斯庇尔可以把更多的注意力放在写政论文章和雅各宾俱乐部内的活动上。

立法议会开始工作时，法国的国内外形势非常恶劣，物价飞涨、货币贬值、饥荒严重，人民生活极端困苦。同时，反革命分子在某些郡内不时煽动反革命叛乱；国外的亡命者又积极勾结欧洲封建国家组织反法联军，企图扑灭法国资产阶级革命。国王虽然在表面上承认了宪法，暗地里却同欧洲各国勾结，王后私通奥国，指望奥国出兵干涉。1791年，普王腓特烈·威廉与奥皇利欧波尔德二世联合发表了皮尔尼兹宣言，扬言要帮助路易十六恢复权力。1792年2月，普奥军事同盟签订，对法战争大有一触即发之势。

法国各派政治集团对于战争的态度是不一样的。国王路易十六抱着反革命目的主战，希望法国战败，以便恢复封建专制。代表大工商业资产阶级利益的吉伦特派也主张战争，他们想通过战争夺取新市场。高

王后玛丽·安东奈特像　勒布伦油画

　　她因奢靡的生活和通敌叛国，深受国民的敌视。此时华贵安详的妇人，仅七年后就步丈夫后尘，被推上了断头台。

级将领主张战争是企图从战争中扩大自己的势力。当时，只有以罗伯斯庇尔为首的革命民主派，不主张立刻对奥宣战。他们认为首先应清洗贵族军官，肃清国内反革命。否则，立即发动对外战争，对革命是不利的。

虽然罗伯斯庇尔不断地揭发主战派的阴谋，号召不要立即发动战争，但由于奥国公开挑衅的军事行动，激发了法国人民的民族意识，结果，人民群众倾向于战争，支持了吉伦特派的主张。1792年3月，国王任命吉伦特派组阁。4月20日，法国向普、奥宣战。

战争开始后，由于王后把作战计划密报给敌国，再加上贵族军官的叛变，结果法国节节败退，法国革命面临危机。

当法国革命处于非常危险的时候，1792年8月10日，巴黎两万多群众在罗伯斯庇尔为首的巴黎公社领

导下，举行武装起义。经过一番激烈的战斗，终于占领王宫，国王路易十六逃到立法议会。立法议会被迫停止了国王的职权，但仍想给他拨出一个王宫居住。但是，人民群众对于国王已经深恶痛绝，终于把他逮捕起来，并把他及王后监禁在腾普尔监狱里。不久，根据罗伯斯庇尔的建议，由普选产生了国民公会。

国民公会一开始工作，就宣布废除君主政体，通过了建立共和国的决议。1792年9月22日，正式宣告法兰西共和国成立。在法国历史上这是破天荒第一次出现的共和国，史称法兰西第一共和国。

共和国的成立，像黑夜中的一道闪电，鼓舞了人心和革命斗志，也引起了欧洲各国的一片惊慌。法军浴血奋战，人民同仇敌忾。到1792年年底，前线的情况整个改变了，法国军队不仅把敌人赶出国境，而且还占领了敌人的一些地区。

→关在监狱里的路易十六

法军的胜利使欧

←路易十六被推到断头台

洲各国惶恐不安。为了自身的安全，几乎所有欧洲国家都想镇压法国革命。1793年春，路易十六被处死的消息传到欧洲各国之后，欧洲各国统治集团极为震惊，同年2月1日，英国参加对法作战，并开始组成第一次反法联盟，参加国除了有奥地利和普鲁士外，还有西班牙、荷兰、撒丁、那不勒斯、俄国和几个德意志小国。1793年春，普奥联军在前线展开了猛烈的进攻，英国也派了军舰与军队同法国作战。与此同时，英国还大力支持法国亡命者，派遣大批间谍在法国内部进行破坏和捣乱。伦敦这时已成为反法活动的中心。俄国当时正瓜分波兰，并未出兵，然而，它也派了军舰与英舰联合，共同封锁法国的海岸。在资产阶级革命

→反法同盟

面前，封建专制统治者们抛弃前嫌，联手合作，欲置法国革命于死地。

在反法同盟军的猖狂反扑之下，法军寡不敌众，连连后撤。吉伦特派的将领们腐败无能，投降敌军，甚至倒戈指向革命。与此同时，国内王党叛乱又猖獗起来。内忧外患，使革命的法国又陷于危险的境地。

1793年5月，吉伦特派在人民心中已信誉扫地，难以支撑局面了。

处死国王

批判的武器代替不了武器的批判，物质力量只能用物质力量来摧毁；但是理论一经掌握群众，也会变成物质力量。

——马克思

革命是一个阶级推翻另一个阶级的行动。当资产阶级推翻封建地主阶级的统治后，他们的革命即告终止。因为他们懂得继续革命也就是宣判他们自己的死刑，而由无产阶级掌权了。

法兰西第一共和国是在君主制垮台的废墟上建立起来的，但是，政权却转到了吉伦特派手里。他们认为革命应该结束，否则就会发生危险，他们担心革命会危及他们大资产阶级的利益。

在一系列重大问题上，雅各宾派同吉伦特派展开了激烈的斗争。吉伦特派发现，共和制不大能使他们牢牢地掌握权力，于是他们外表装出了一副若无其事的样子，骨子里却想营救国王，打算让他重登王位，以便用他的名义来进行统治。

　　罗伯斯庇尔抓住现实，谋划长远。他坚决要求惩办国王，认为路易十六与共和国不能共存，只要路易十六存在，共和国就有灭亡的危险。

　　罗伯斯庇尔在《护宪者》周刊上写道："必须抉择，不是国王死，就是法国人民死。这就是你们一直进行到今天的反对王权的光荣斗争给你们所造成的局面。"

　　同吉伦特派相反，依靠城乡民众的雅各宾派，决不认为革命应该停止在1792年8月10日的阶段上。国王被囚禁起来后不久，罗伯斯庇尔就大声呼吁："法国人，不要忘记，全世界的命运现在正操在你们的手里。千万不要安于既得的胜利。有一个伟人曾经说过，事

↑1792年8月10日，巴黎群众进攻王宫。

情半途而废，就等
于什么也没有做。
把这句名言当作行
动准则吧！不要忘
记，摆在你们面前
的任务是摧毁暴君
的联盟，是粉碎你
们当中那些最危险
的敌人的阴谋。不
朽的光荣在等待着

← 法兰西街道

你们，可是你们必须为此付出极大的努力。守卫自己
的岗位吧，振作起精神来吧！今后你们没有别的路可
走；或者是过一种比现在更悲惨的奴隶生活，或者是
争取彻底的自由。"

　　一贯忠于民主原则的罗伯斯庇尔还提醒群众不要
盲目信任和盲目服从国民公会。他说："要监督你们的
代表，要提防他们成为人民命运的主宰！"

　　中国有句古谚语讲："将飞者翼伏，将奋者足蹰，
将噬者爪缩。"它隐喻了这样一个谋略：先示无攻之
意，麻痹敌人心智，待其露出马脚来，而后突然取之。
罗伯斯庇尔对吉伦特派的诡计早有察觉，但狐狸的尾
巴未露出来之前，不宜鲁莽行事。他的韬晦之术是：

不动声色，来往照常，引蛇出洞，当场捉拿。

1792年11月，在王宫的一秘密壁橱里，发现了国王同欧洲封建宫廷秘密勾结的文件和各种反革命复辟计划，以及同逃亡贵族往来的大批密信。这激起了巴黎人民的极大愤怒，一致要求立即审判卖国贼路易十六。

在事实面前，吉伦特派再也无法为国王辩护，但为挽救路易十六，他们主张对国王判什么罪要"征求民意"后才能决定。这是一条诡计：一方面迎合了人民的自尊心，因为它似乎承认了人民的"最高权力"；另一方面，国王无罪开释或者至少免于死刑的可能性大大增加，不管怎样，总可以争取些时间。

罗伯斯庇尔坚决反对这种做法。他在国民公会中

← 罗伯斯庇尔

说道："诉诸人民的办法是不相宜的，因为在目前的条件下，这种方法很容易被反革命分子所利用。最积极和最革命的人现在都参军去了。因此，基层会议中将尽是君主政体的天然朋友——富人，即贵族和资产者……这些人在王权之下生来就媚上欺下……"，"人民的意见"将是伪造的。

国民公会决定用记名表决的办法，由议员们讨论对国王的判决问题。轮到罗伯斯庇尔发言时，他登上讲台果断地说："我对压迫者是铁面无情的，因为我对被压迫者深表同情；我不承认扼杀人民和宽恕暴君的人道；我赞成判处死刑。"

为了保护国王，吉伦特派耍尽了花招，策划了各种阴谋，并使用了一切腐蚀引诱的手段。为了对付雅各宾派那批"不可腐蚀的人"，甚至连风流娘们和上流仕女都用上了。对其他那些占国民公会的大多数中间派议员，他们以重金收买其支持票，或至少要他们保持沉默。1793年1月5日，国民公会终于投票。吉伦特派头目所拼命维护的征求民意的主张，以283票反对、424票支持、10票弃权，被否决。

大局似乎已定。但是到了最后关头，吉伦特派仍不罢休，他们匆忙纠集力量，还想营救国王。他们对一些"反对征求民意的人"施加了很大的压力。第二天国民公会对判处国王什么刑举行表决，360票赞成死刑，355票反对。结果因这5票之差，国王被判处死刑。

罗伯斯庇尔胜利了。

→ 处死路易十六的断头台

1793年1月21日，路易十六被处决了。这位绞尽脑汁设计断头台的暴君，最终把自己的头也放在了断头台上。吉伦特派在审判国王这件事上所采取的策略，暴露了这一党派的反革命本质。但是，审判国王这件事本身还不能对吉伦特派的垮台起决定性的作用。

水无常形，兵无常势。善谋者，总是根据情况的变化来调整自己计策的。通过国民公会的表决数字，罗伯斯庇尔看到了国民公会的力量对自己有利，因而就从这时起，他的策略发生了显著而奇特的变化。

他越来越强调依靠、尊重、保护国民公会的必要性，再也不说国民公会不能救国，应该被新议会所取代的话了。相反，他反对任何这一类的企图。在雅各宾俱乐部，当一个议员建议解除某些"腐败"的议员的职务，让候补代表顶替他们时，罗伯斯庇尔坚决反对，表示宁可继续同人们熟识的叛逆打交道，也不愿意要些新人。因为新人装出一副爱国面孔，就可以掩盖他们尚未被人怀疑因而是更加危险的阴谋诡计。为了这个，他以雅各宾俱乐部的名义，起草了一份声明，它强调必须团结起来，"反对阴谋家在我们中间制造混乱，以捍卫公众的安宁"。此时他的用意很明显，那就是为了巩固自己的阵线，就必须设法使被吉伦特派靠突然袭击和恫吓争取过去的那些脆弱的动摇分子脱离他们。这样，在"坏蛋"们的周围就会形成真空，他们只剩下孤零零的少数20来个人，最终会落得受人鄙视，无人理睬的下场。

但是，决定吉伦特派最终垮台的深刻根源还是在

→ 法国金币

于国内的经济问题。

早在 1792 年秋，由于对外战争、国内王党暴动和社会骚乱，法国社会经济生活遭到了破坏。大片土地荒芜，商业停顿，粮食短缺，货币贬值，物价飞涨。人民生活贫困，精神潦倒。

现在人民生活进一步恶化。肥皂、蜡烛和食糖几乎是广大穷人所买不起的东西。价格涨得最快的是面包，它从每磅 3 苏涨到 5 苏、6 苏、7 苏，有些地方还高达 8 苏。这样一来，不仅每天挣得 20 到 25 苏的雇农和壮工，就连每天挣得 30 到 50 苏的城市无产者也不得不过着半饥半饱的生活。在法国南部，人们就像在专制制度最黑暗的时期中一样靠野草充饥。

越到冬季，生活贫困的现象就越严重。载粮车队往往在中途被饥饿的人群抢掠一空，很少能够到达目的地。

这时，在巴黎和里昂城郊工人区出现了为人民说话的，并能真正反映劳苦大众疾苦和要求的一派，即

← 拾穗者　让·弗朗索瓦·米勒

忿激派。它的领导者是神甫雅克·鲁和工人出身的让·瓦尔勒。他们在巴黎公社和里昂公社中有许多拥护者。忿激派曾提出废除农民的封建义务把土地分配给农民，他们主张对供应和分配严加控制，要求国民公会实行普遍限价，严惩投机商人，对破坏限价者处以死刑。忿激派的主张得到了巴黎群众的热烈拥护。可是，吉伦特派的国民公会非常仇视忿激派，骂它是"疯人派"，非难他们煽动人民暴动。

1793 年 2 月 12 日，巴黎 48 个区的代表来到国民公会，要求国民公会在全国各地实行粮食限价。他们情绪激昂地说道："立法的公民们！光宣布法兰西为共和国还是不够的，必须给人民幸福，必须让人民有面包

→扶锄的男子　让·弗朗索瓦·米勒

吃……你们宣布无限制的粮食贸易自由，就是抬高穷人的面包价格，就是让贪婪的投机商发财致富……有人让我们等待各市政当局来消灭投机买卖。可是，难道你们认为商人的市政府会自己监督自己，自己告发自己吗？……你们当中有人说，颁布一项完美无缺的粮食法令是根本不可能的，那么就不能不使人怀疑你们的才略，怀疑你们有没有能力管理一个已经推翻了君主政体的国家。"

→洗衣妇

2月22日，一个洗衣工人代表团来到了国民公会的栅栏前，他们诉苦说，不仅食品，就连肥皂也空前涨价。请愿者在会议厅中高呼："面包和肥皂！"在街上等候着他们的人群也随着高呼这个口号。

但是，国民公会对来自群众的要求置若罔闻。因为在国民公会中占优势的吉伦特派反映了大粮商和富裕农场主的情绪，他们极力保护无限制的粮食贸易自由，任何限价在他们看来都是破坏商业和不尊重私有制的"无政府主义的"措施。

以罗伯斯庇尔为首的雅各宾派，虽然同情人民的疾苦，不同意吉伦特派主张国家完全不干涉经济的论调，但是他们毕竟还有资产阶级的局限性，认为普遍限价会破坏私有制，也不愿支持忿激派的要求。因为雅各宾派主要是小资产阶级利益的代表，在粮食危机中，小资产阶级所受的损害远不如小行会师傅和工人来得大。

←法国革命中的无套裤汉

如果全面规定生活必需品的限价，就会直接触犯这一阶层的利益。此外，2月间饥民把雅各宾派的店铺和大资产阶级的店铺不加区别地一律捣毁，这是明显的侵犯"神圣的私有制原则"的行为。所以，雅各宾派对忿激派的恼恨是可想而知的。

2月24日，当城里传说忿激派要袭击商店时，雅各宾派就主张采用最坚决的警察措施来立即镇压忿激派的行动。罗伯斯庇尔关于2月25日的讲演就说明了这一点。他说，贫困使人民"破坏社会秩序"，但是自由之敌和外国政府间谍的挑拨离间也在这里起了煽风点火的作用，这些人企图利用粮食危机在人民中间制造暴乱。

罗伯斯庇尔为了同吉伦特派斗争，并不反对利用

↑巴黎的巴士底地铁站一幅反映法国大革命的壁画

忿激派的运动，但只是在能够把这一运动纳入纯政治的轨道的条件下才加以利用；经济要求在他看来并不十分重要，不需要为它们展开积极的活动。他在结束2月25日那天演讲时说道："我不愿意说人民不对，可是，当人民起来斗争的时候，难道不应当抱有一个与他们的地位相称的目的吗？……我们的敌人想恫吓一切有点财产的人；他们想证明我们的自由平等制度是有害于任何秩序和安全的。人民应当起来斗争，但是，不是为了得到沙糖，而是为了消灭坏蛋。"

但随着形势的发展，雅各宾派的态度不得不有所转变。法国各地纷纷向国民公会递交请愿书，强烈要求规定粮食最高价格。其中圣安东郊区的工人代表团的请愿书写道：

经历过7月14日、10月5—6日、6月20日、8月10日和一切危急日子的人们，将向你们示威。他们现在就站在你们门前，要向你们诉说一个共和主义者……不怕向自己的代表诉说的无情的真理。

你们在这所房子里开会，为的是拯救社会……可是请问，你们做了些什么事情？你们答应得很多，做得很少……你们老早就答应要全面规定一切生活必需品的限价；经常许愿，可是什么也不履行，经常使人民感到苦恼和不耐烦，这就使得他们再也不能信任你们了……当然，事先有人警告我们，说温和派和政府人员会大嚷要采取专横手段的，但是我们要回答他们说：'平时适用的手段，在危机和革命的时刻是没有用的。我们的灾难深重，因此必须采取重大的措施。'到目前为止，革命的重担只是压在穷苦阶级的身上，现在该是富人和利己主义者也成为共和主义者的时候了。

请愿书最后以再一次进行革命相威胁，上面写道："这就是我们挽救共同事业的办法……要是你们不接受，我们……告诉你们：我们就准备起义，现在就有一万人站在大厅门前。"

这次示威解决了问题。雅各宾派为了拉拢人民，便支持了忿激派的要求，终于使国民公会在1793年5月4日通过了实施谷物最高限价的决议。

同忿激派结成联盟，使雅各宾派的力量增强了。吉伦特派不甘心自己的颓势，仍做最后的垂死挣扎。6月2日，里昂的吉伦特派分子勾结王党分子杀死800多名雅各宾派分子。吉伦特派已经彻底堕落成为反革命

　　的工具，如果不推翻它，就不能确保革命，不能使革命继续前进。

　　罗伯斯庇尔等雅各宾派勇敢地率领巴黎人民举行武装起义，在同一天就推翻了吉伦特派的统治，建立了历史上有名的雅各宾专政。

吉伦特派

　　吉伦特派，原称布里索派。指法国大革命期间推翻波旁王朝既而掌握实权的共和派。因其中很多人原是吉伦特省人，因此被称为吉伦特派。

　　在法国大革命期间，他们控制立法议会，以激烈抨击宫廷的姿态出现。从1791年底起，在布里索领导下，他们支持对外战争，认为这是团结人民维护革命事业的手段，在1792年的瓦尔密战役中击败普鲁士军队，打败了第一次反法联盟。1792年春，吉伦特派达到权力和声誉的顶峰。1792年4月20日，他们鼓吹对奥地利宣战。在这以前，罗兰夫人的沙龙是吉伦特派的重要聚会场所。

雅各宾政权的新闻政策

　　1793年5月31日至6月2日，雅各宾派在巴黎发动起义，终于推翻了吉伦特派政权，建立了以罗伯斯庇尔为核心的雅各宾专政。大各宾政权建立伊始，就面临着严峻的国内外形势。要战胜国内外敌人，稳定革命政权，就必须采取一系列非常手段。

就在雅各宾派政权实现重大的政策转轨时，作为政权核心的罗伯斯庇尔的政治思想、新闻观念也发生了重大的变化。在某种意义上说，雅各宾派的政策转轨乃是在变化了的罗伯斯庇尔思想观念的指导下实现的。罗伯斯庇尔思想观念的变化，主要表现为如下个方面：

其一，从权利绝对平等的观念到把反对派清除出人民的范畴。

其二，从主张绝对出版自由到限制自由。

其三，从主张思想多样星，到统一思想，不允许思想分歧的存在。

其四，从允许没有证据的批评到限制批评诽谤。

其五，从反对操纵舆论到主张政府影响舆论。

其六，从反对死刑到支持恢复死刑。

罗伯斯庇尔的性格

没了亲娘，被父亲抛弃，送到外公家寄养。人们不难想象这个家庭对待其父亲的态度。为了父亲的所作所为，罗伯斯庇尔稚嫩的肩膀背负起了内疚的包袱，内心感到的羞耻令他窒息得喘不过气。他别无选择地扮演了一个热爱秩序、遵纪守法的良民角色。

他在阿拉斯作主教厅法官期间，曾不得不为一名杀人犯签署死刑判决书，变得胃口全无和连续失眠，使他一遍又一遍地重新掂量先前的决定，他甚至打算辞去主教厅的职务。然而，在大革命最为恐怖的两年多的时间里，陆续送上断头台的两千多人中，到底有多少是出自他的手笔？当年那个善良敏感的小马克西米利安变成今日这个大开杀戒的罗伯斯庇尔，迈过这个跨度他用了多长的时间？面对这样一段心路，今日的我们又当用何种尺码去度量？

罗伯斯庇尔非常在意他给人留下的印象，别人的漠然和不在乎会要了他的命，是他人的关注才使他能继续存在下去。在历史所赋予他的殉道者和人民的代言人的位置上，他把整个一生投身革命和奉献人民。他不遗余力地想使这场法国大革命成为人民的革命，借此拆除一切出身与财产障碍，从而使地位卑微的人们的呼声彻底摧毁特权阶层。但他不允许别人和他分享这个英雄角色。

在这里，人们又看到了一个被抛弃、遭背叛的受挫孩子的影子，这个孩子不知餍足地寻求赞许、爱戴或仇恨，他想成为所有目光投掷的焦点。对他而言，所有投给他人（比如马拉）的目光，就是对他的伤害。

罗伯斯庇尔过分追求细节的习惯则产生于他胆小怕事的弱点。他一味沉迷于无可挑剔的外表，是想用优雅风度充当保护，以防止将其心理的脆弱和神经质暴露给人。他日夜梦想着藉强力超越的乃是生命本身，与人的利益断绝一切关系，正如他自己曾说过的话："我，并不相信活着有什么必要，而只是为了美德和天意而已。"这再次说明，其内心早已充斥着失败、徒劳、死亡等等的负面情结，而无力把握当下的平平淡淡和琐碎的真实，并参与对之的实践。他甚至无力，也许是没有勇气在生活中与某个女子建立固定联系，却推说没有时间，这显然算不上是个说得过去的理由。

罗伯斯庇尔是一个既纯洁又正直的人，一个真正的共和主义者。他之所以失败，是因为他的虚荣、他的易怒和敏感，以及他对同事们的有失公允的不信任。这的确是个巨大的不幸。

上台执政

> 历史早已证明，伟大的革命斗争会造就伟大的人物，使过去不可能发挥的天才发挥出来。
>
> ——列　宁

政权交接，历史转轨，是社会动荡不已、险象环生时期。新的政权，要么冲破黑暗走向黎明，要么触礁船翻走向沉没。何去何从，这就看领导者能否赢得民心，能否驾驭时机，能否坚定果断，能否发挥高超的智慧。

以罗伯斯庇尔为首的雅各宾派是在共和国处于最危急的时期上台的。1793年夏，以英国为首的欧洲反法联军从四面八方把法国包围起来了。7月23日，普军攻陷了美因兹，继之，又占领了康狄和伐馁西恩两个要塞；西班牙人推进到佩皮尼场和巴荣纳；萨丁王国的军队在阿尔卑斯山采取了攻势；英国包围了法国北部的敦刻尔克，占领了地中海的科西嘉岛。8月26日，英军在吉伦特派反革命分子的策应下，又占领了法国南部最重要的军港——土伦。

同时国内形势也十分严峻。在英国的支持下，旺德与布列塔尼两郡发生了反革命叛乱。被清除出国民公会的吉伦特派分子在各省进行暴动。爱国者有的被关进监狱，有的遭到屠杀。7月，著名的革命民主派马拉被刺死。8月，忿激派的领袖沙利埃遇刺身亡。一些

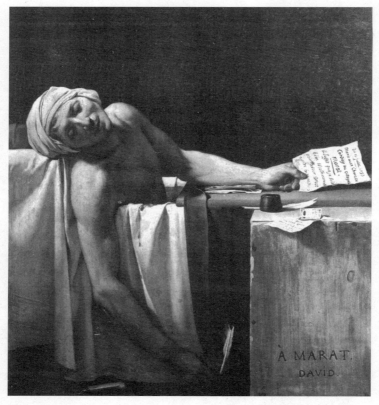

马拉之死

马拉被一个贵族女孩刺杀在他的浴室里。

商人囤积居奇，投机倒把，造成了严重的粮食危机。当时，在法国83个郡中，整整有60个郡起来反对国民公会和巴黎。

看来，种种情况都对法国不利，只要国内外敌人再猖狂一些，年轻的共和国就有可能被颠覆，4年革命的全部成果也就会随之烟消云散。

在这种险恶的情况下，以罗伯斯庇尔为首的雅各宾派表现了革命的坚定性和毅力，它及时地解决了人民群众的某些要求，把城乡人民群众紧密地团结在革命周围，从而把法国资产阶级革命推向了高潮阶段。

与此同时，作为卢梭的信徒，罗伯斯庇尔也试图着手实现卢梭在《社会契约论》中所设想的"理性"的国家和"理性"的社会。

首先，罗伯斯庇尔着手解决吉伦特派所不愿解决的农民土地问题。

雅各宾派先后颁布了3个土地法令，规定将逃亡贵族的土地分成小块，用分期付款办法卖给农民；把几百年来被地主夺去的公地归还给农民；无条件地废除一切封建义务；烧毁全部封建地契和文据，对私藏者处以徒刑。这些措施使法国从此摆脱了封建束缚，得到了农民的广泛拥护和支持，奠定了政权的社会基础。

　　但是，雅各宾派的土地法并没有满足贫苦农民无偿分配土地的要求，它还不能消灭农村的剥削，还保存着土地私有制。不过，这种土地所有制已经不是封建的，而是资本主义的土地所有制，为资本主义发展创造了有利的条件。因此，农村中的资本主义剥削就代替了封建剥削。不久，获得小块土地的小农，就会陷入高利贷的盘剥而走向破产。尽管如此，雅各宾派的土地法是资产阶级革命中最彻底革命的标志之一。

　　其次，建立革命民主专政机构。

　　1793年10月10日，国民公会通过成立革命政府的决议，确定国民公会是全国最高权力机关，行政权交给两个委员会，即公安委员会和社会保安委员会。公安委员会掌握最高行政权，它负责军事、外交、公安、经济与教育等一切工作。该委员会逐渐成为名副其实的"罗伯斯庇尔内阁"。委员会的首脑既由国民公会选出又须向国民公会负责，这就体现了人民主权不可分割的卢梭学说。社会保安委员会领导警察，专司惩办奸细、

← 罗伯斯庇尔

阴谋分子、强盗、投机家和伪造货币者等主要罪犯。公安委员会虽然无权管理警察，但它有权发布命令，逮捕嫌疑犯和被控告者。一般关于政治性的逮捕问题和国家的重大事件，系由公安委员会与社会保安委员会联席会议决定。

革命政府在地方的机关是：派在各省和军队中的拥有特别全权的国民公会特派员办公处、市议会、人民团体和革命委员会。

特派员的任务是：调查各种非法行为，清洗地方行政机关，监督军队将领，等等。在执行工作任务时，他们不是硬性地执行政策，而是随机应变，非常灵活。

人民团体，又称革命俱乐部。在各革命俱乐部中起主导作用的是工人、农民、手工业者、城乡贫民和民主主义知识分子。它们能够控制选举，发挥群众的革命作用。所以，雅各宾派的革命民主专政是有广大社会基础的。它已成为法国劳动人民的革命专政。诚如列宁所说："真正的雅各宾党人即1793年雅各宾党人在历史上伟大的地方，就在于他们是'有人民拥护的雅各宾党人'，是有革命的大多数人民拥护的、有当时革命的先进阶级拥护的雅各宾党人。"

1793年12月25日，罗伯斯庇尔在国民公会发表的演说中，对于革命政府的必要性作了如下的论证，并

且对于革命政府的实质做了说明。他说道："革命政府
的理论，如同提出这种理论的革命本身一样，也是新
颖的。想从根本预见不到我国革命的政治作家的著作
中，或者从暴君用来进行统治的法律中去寻求这种理
论是徒劳无益的。立宪政府的任务在于共和国；革命
政府的任务则在于奠定共和国的基础。""革命是已经
获胜的自由所建立的和平制度。革命政府所以必须表
现出异乎寻常的主动性，正是因为它随时都好像处在
战争状态之中。由于革命政府是在经常变化的动荡情
况下行使职权，尤其是因为在严重的危险有增无减的
情况下，革命政府不得不采取越来越多的办法，所以
严格的刻板条例对革命政府是不适用的。"

再次，实行革命恐怖。

雅各宾派掌权之初，国内反革命势力嚣张一时，

← 雅各宾派的恐怖统治

↑ 描绘玛丽·安托瓦内被处决的铜板油画

吉伦特派和王党分子的暗杀、叛乱此呼彼应。国外反动势力把法国革命视为洪水猛兽，联合起来进行武装干涉。面对这种紧急局势，罗伯斯庇尔主张采取断然措施，用宝剑"镇压共和国的敌人"。1793年9月17日，国民公会颁布了嫌疑法令，饬令一切革命委员会负责侦察与拘捕嫌疑犯分子，并给以严厉镇压。同年10月16日，已废的王后玛丽亚·安东尼被处决。10月3日，清洗国民公会，将曾同情吉伦特派的136名议员驱逐出去，并逮捕了其中的41人。此外，又逮捕了曾投票反对6月2日开除22个吉伦特派的议员75人。10月底，将吉伦特派首要分子布里索、罗兰夫人等送上断头台。

虽然罗伯斯庇尔主张："对于自由事业，惩罚100个无名和不甚重要的罪犯不如判一个密谋造反的魁首，更为有益。"但是，后来的恐怖范围愈益扩大，被处死的人逐日增多。尽管罗伯斯庇尔也曾阻止过乱砍乱杀，他的指导思想是："没有恐怖的德行是软弱无力的，没有德行的恐怖是残酷的。"但还是造成了恐怖扩大化。

第四，实行普遍最高限价，打击投机奸商。

雅各宾政权公布了"严禁囤积垄断法令"，宣布囤积垄断为最大罪行。又通过了"全面最高限价法"，对41种日常生活用品规定了最高价格，与此同时，也规

定了工资的最高额。这一措施，暂时煞住了通货膨胀，打击了投机商的气焰，稳住了人心。

第五，制定共和国新宪法。

1793年6月24日通过的新宪法，称之为1793年宪法。它规定法国为统一的不可分的共和国，凡年满21岁的男子都有选举权，不受财产资格的限制，并且实行了直接选举制。它赋予了人民以最大的政治自由，保证了信仰、言论、出版、集会和结社的自由。同时，它给予人民以义务教育、劳动权、生活权和反抗压迫权。宪法还规定了对外政策的原则：法国不干涉别国政治，也不允许别国干涉法国政治；法国人民同侵占它的领土的敌人决不媾和。

这部宪法在当时历史条件下越出了一般资产阶级宪法范围，具有很大的进步意义。但由于法国正处于非常时期，这部宪法暂缓施行。等后来雅各宾派政权垮台后，这部宪法也就石沉大海了。毫无疑问的是，这部宪法对国内外都产生了深刻的影响。

以罗伯斯庇尔为首的雅各宾派从上台以来采取的上述一系列措施，加强了政府同人民群众的联系，赢得了人民群众的信任。结果，国内叛乱迅速平定，外国侵略者被逐出国土，保卫了资产阶级共和国。

由于罗伯斯庇尔富有主见、治乱有方，因此在雅

←最高存在的祭典

各宾专政时期，他的威望与日俱增。1794年6月4日，国民公会举行会议，全体代表一致推举罗伯斯庇尔为主席。6月8日，罗伯斯庇尔主持了庆祝新信仰的最高主宰的仪式。是日上午8点，杜伊勒园中礼炮齐鸣，罗伯斯庇尔率领代表团来到园中。他穿着闪闪发光的服装，手捧花束和麦穗，容光焕发、精神抖擞地走在代表们前面。当他发表了长篇演说之后，群众高唱赞美诗。约有50万人参加了这次庆祝仪式。大家都热烈地向罗伯斯庇尔表示祝贺。有人把他比作希腊神话中的音乐之神，给人民指出了文化与道德准则。

在鲜花与掌声中，罗伯斯庇尔似乎是在享用他一生中生命的最亮点，因为一个多月后他就与死神拥抱了。

相关链接
XIANGGUAN LIANJIE

罗伯斯庇尔思想变化

　　罗伯斯庇尔的政治思想、新闻观念何以会发生如此巨大的变化？雅各宾政权在当时的情况下，有必要采取那种严酷的恐怖政策，乃至于完全剥夺革命初期以鲜血换来的出版自由、言论自由吗？

　　对这两个问题的回答，必然联系到罗伯斯庇尔政治地位和当时客观形势的变化，否则就不可能得出正确的结论。就政治地位来看，在1792年之前，罗伯斯庇尔代表着在野的反对派，他们需要出版自由、言论自由来攻击掌权的反动派。

　　由于反动派掌握着巨大的权力和财力，他们时刻都在计划着剥夺革命者的出版自由、言论自由，因此，这时问题的关键在于保护爱国的革命报人、记者不受反革命的迫害。

　　而在雅各宾专政时期，罗伯斯庇尔代表的激进派掌握了国家的全部权力，其优先的课题是巩固革命政权，将革命进行到底，而被推翻的反动派正虎视眈眈，随着准备反扑，故而有必要剥夺他们的自由权利。在客观情势方面，当时外地入侵，内乱频发，粮食短缺，物价高涨，非采用铁腕手段不足以应付时局。

罗伯斯庇尔在1793年12月25日的一次讲话中就说明了这一点："革命政府所以需要非常行动，正是因为它处在战争状态。它所以不能服从划一的和严格的规章，是因为它周围的情况是急剧发展的变化无常的，特别是因为它必须不断采取新的和迅速见效的手段来消除新的严重的危险。"

在这个意义上，可以说，雅各宾派的恐怖政治，及其限制乃至取消自由的特殊政策，是形势逼出来的，而非出自罗伯斯庇尔的初衷。

被捕遇害

生命不可能从谎言中开出灿烂的鲜花。
——海　涅

中国的孔子说："政者，正也。子帅以正，孰敢不正?"这是一个政治原则，也是一个政治谋略。

罗伯斯庇尔在整个革命期间，廉洁奉公，以身作则，获得了"不可腐蚀者"的美名。有一些革命初期的著名人士乘革命之机，中饱私囊，大发横财。而罗伯斯庇尔掌权后仍居住在巴黎的一个细木匠的破旧木板房里，对财富毫不动心。他把自己的一生都献给了资产阶级革命，很少顾及私人生活。他曾先后与两位少女相恋过，但因全心致力于革命，无暇他顾，至死也未顾得上结婚。

但是，罗伯斯庇尔毕竟是一个资产阶级革命家，当劳动人民要求将革命继续推向前进，真正满足政治、经济要求时，他却采取了反对和镇压态度。他认为革命再向前进，就会破坏私有财产，而私有财产是神圣不可侵犯的。这样，罗伯斯庇尔就渐渐地疏远和敌视人民，人民最终也就抛弃了他。

罗伯斯庇尔执政期间，为了安定民心，争取大众的支持，促使国民公会颁布了普遍限价法令，但同时也规定了工资的最高限额，并且保留反对工人集会结社的列沙白利哀法。虽然，根据限价法的规定，工人的货币工资比1790年提高了50%，但是消费品的价格在同一时期中却上涨了两三倍，在1794年上涨了四五倍乃至九倍，那么提高这一点工资又有什么用呢！广大城市工人及其他劳动者对新政权由当初的欣喜逐渐地变成了失望甚至绝望。

农民的一餐
农民被沉重的税收剥夺得几乎赤贫的生活景况。

→法国大革命

　　罗伯斯庇尔为了摧毁法国封建制度的基础，在雅各宾专政之初就颁布了土地法，使农民获得了一小块土地，但是它对于富农的限制还很少。因此，农村中的两极分化过程加快了，广大的贫穷农民的不满情绪日益加深。

　　忿激派是当时城乡下层群众利益的代表者。他们不但要求采取坚决的恐怖措施来抑制大资本的形成，还要求把国有地产分给最贫穷的农民。他们鼓动群众起来反对罗伯斯庇尔的政策。罗伯斯庇尔为了维护中小资产阶级的利益，毫不留情地将忿激派置于死地。1793年秋天，国民公会就逮捕了忿激派领袖雅克·鲁。1794年将雅克·鲁交到革命法庭审判。2月19日，雅克·鲁不愿受审而自杀了。

与此同时，资产阶级革命民主派内部也发生了分裂。罗伯斯庇尔镇压了忿激派后，就和雅各宾派集团内部的艾贝尔派和丹敦派发生了矛盾。艾贝尔派的主要领袖人物是艾贝尔和肖美特。他们是无神论者，极力主张消灭基督教。他们代表巴黎最穷苦的小资产阶级和一部分工人的利益，要求实行极端的革命的恐怖政策。肖美特说："……富人想饿死我们，好啊！那就得消灭他们以示警告。……凡是拒不供应我们粮食的囤积商和富有的农场主，都将在我们的打击下丧命。"

丹东派的主要领袖人物是丹东和德莫林。这一派是当时新兴的、从革命中发了财的那些资产阶级的代表。尽管丹东过着挥金如土、放荡不羁的生活，他的财产在革命期间还是增加了9倍。德莫林为了"快乐"甚至反对公社取缔妓院的措施。他们要求取消革命的恐怖政策，要求放弃价格限制措施。

罗伯斯庇尔派是小资产阶级中富裕阶层的代表。他们当然是反对艾贝尔派和丹东派这两种极端的主张。

←乔治·雅克·丹东

1794年3月24日，公安委员会逮捕了艾贝尔派，并以"阴谋危害共和国"的罪名，把他们送上了断头台。同年3月31日，又逮捕了丹东派，并以"参加恢复君主制、企图颠覆共和国"的罪名于4月5日将他们处死。

罗伯斯庇尔这时的依靠力量就只剩下为数很少的小资产阶级中的富裕阶层了。而单单依靠富裕小市民的支持，是不可能长久保持政权的。在广大工农阶级漠视和小资产阶级贫苦阶层敌视的情况下，只要反革命势力一起来攻击，罗伯斯庇尔所建立的小资产阶级专政就必然垮台。

1794年夏，新兴的大资产阶级和城乡人民大众都对罗伯斯庇尔政府的政策不满。罗伯斯庇尔也觉察到了自己越来越陷于孤立的境地。于是，他便加强了统治机器，想用铁的手腕消灭异己力量。1794年6月10日，公安委员会颁布了一项新法令，规定在缺乏证明材料时，法庭可以根据"内心的确信"决定案件。这个法律公布后，每天都有很多人被处死。6月16日一天之内，就杀了54人，其中有39个工人和10个雇员。喊冤声不绝于耳，血腥气弥漫空中。罗伯斯庇尔不分青红皂白、敌友不分地错杀乱杀起来，这使他更失去了人心，加速了他的灭亡。

大资产阶级，尤其是在革命过程中大发横财的

"新富人"，由于对种种限制不满，早已将罗伯斯庇尔视为眼中钉、肉中刺了。他们积极进行推翻罗伯斯庇尔统治的阴谋活动。

1794年7月26日，罗伯斯庇尔已觉察到有人谋划推翻他。他在国民公会演讲时说："我来是为了消除严重的误解，我来是为了熄灭这一可怕的不祥的火焰。有人想用这个火焰烧毁这一自由殿堂和整个共和国"。

革命恐怖来到了

这幅画中描绘了由丹东和罗伯斯庇尔领导的小型公安委员会施行的刑罚。使用绞架和刀剑已经太过麻烦，拆房、纵火也不如用火枪甚至火炮利落，于是如画面右下角所绘曾经的粮仓变成了现成的投尸坑。

他表示要坚决把阴谋者清除掉。

1794年7月27日，巴黎的天气炎热得令人窒息。正午过后，国民公会的会场里，雅各宾派领袖罗伯斯庇尔筹划着掀起新一轮的风暴。罗伯斯庇尔一心要把祖国打造成一个纯洁无瑕的乌托邦，狂热的使命感使他容忍不了任何与现实的妥协、任何道德上的污点。任何人，只要是阻碍了他的崇高目标，除了死亡没有其他选择——人类文明最伟大的进步无须顾忌什么牺牲和代价，罗伯斯庇尔坚信这一点。断头台上的4千多颗头颅还远远不够，今天，他将再一次纯洁自己的队伍，把一批败类从国民公会中清洗出去。

罗伯斯庇尔忠实的同志圣鞠斯特要求发言。如果是往常，整个议会都会在沉默中颤抖，没有人知道下一个牺牲者是不是自己，但今天却不一样。对死亡的恐惧超过了极限，反而变成抵死一博的勇气，议员们大声吼叫，会场一片混乱，圣鞠斯特根本无法说话。罗伯斯庇尔站起身想控制住形势，但声音完全被压住，一瞬间，这个口若悬河的独裁领袖脸色苍白，喉咙哽住说不出话来，一个议员冲着他大吼："暴君，是丹东的鲜血噎住了你的喉咙！"

终于，一个人们等待了很久的声音响起："我要求起诉罗伯斯庇尔！"会场顿时一片寂静，几乎可以听到

沉重的呼吸声，议员们似乎被自己的勇气惊呆了，但他们很快明白已没有退路，随之而起的是同一个声音："逮捕！逮捕！"逮捕罗伯斯庇尔及其一党的动议立即通过，宪兵把被起诉的雅各宾领袖们带出会场。离开会场时，罗伯斯庇尔只说了一句话："这帮恶棍得手了，共和国完了。"

历史上把这场政变称为"热月政变"。

罗伯斯庇尔被捕的消息传到巴黎公社和国民自卫军时，它们便赶来营救。当天，起义者便以武力将罗伯斯庇尔等人从狱中救了出来。出狱后的罗伯斯庇尔对于领导起义犹豫不定，致使国民公会反革命分子乘机纠合了军队，包围了市政厅。这时罗伯斯庇尔才同意领导起义，可是已经晚了。罗伯斯庇尔开枪自杀受伤后，再度被捕。

←热月政变

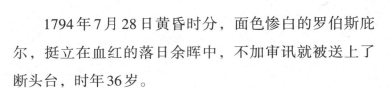

　　1794年7月28日黄昏时分，面色惨白的罗伯斯庇尔，挺立在血红的落日余晖中，不加审讯就被送上了断头台，时年36岁。

　　他临死时发出的最后一声吼叫，宣告了法国资产阶级革命上升线到此打住，雅各宾专政覆没了。

　　从此，新兴的大资产阶级的"白色恐怖"便开始了，其残暴程度远远超过"红色"恐怖。许许多多雅各宾派分子没有等到审讯就被活活打死了。

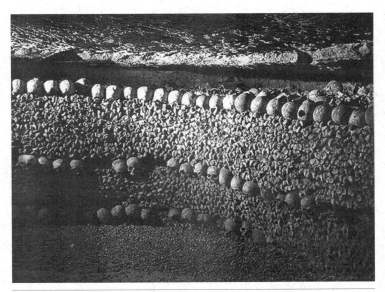

　　在法国地下世界的最深处，还静静地安放着许多"地下墓穴"。据说巴黎地下墓穴有600万具骨架，这是由巴黎的历史所造成的，18世纪法国大革命和巴黎公社起义期间，曾有多次激战在这座城市进行。

罗伯斯庇尔没能拯救自己

　　罗伯斯庇尔有整整三个小时来拯救自己的生命，拯救自己的乌托邦，但他做了什么？什么也没有。是不是应该用超出法律之上的暴力手段，来对抗由人民选举出来的议会？罗伯斯庇尔无论如何下不了这个决心，对于他来说，这等于用自己的手摧毁自己一生所追求的理念和信仰。在周围的人们的竭力劝说下，罗伯斯庇尔一度改变了主意，接过呼吁人民起义的文件准备签名。但是，写下了自己姓名开头的三个字母"Rob"之后，罗伯斯庇尔犹豫再三，最后还是扔下了笔。人们催促他写下去，他环视了众人一眼，反问道："以谁的名义？"

　　罗伯斯庇尔的命运就这样由他自己决定了。这时，国民公会罢黜雅各宾一党的公告已经传到市政厅广场，加上市政厅内迟迟没有命令传达下来，市民义勇军们开始动摇。渐渐有人离开了队伍，先是一个两个，再是一群两群……当国民公会派遣的宪兵队到达市政厅时，广场上已经空空荡荡。几乎没有遭遇任何抵抗，宪兵们便冲进了雅各宾领袖们聚集的房间。随后是一场大混乱，绝望之中有人开枪自杀，也有人跳窗摔断了腿骨。罗伯斯庇尔的下颚被手枪击碎，昏死过去，众人将他抬到一张大桌上放平，草草地包扎好伤口。过了一阵，罗伯斯庇尔清醒过来，挣扎着爬下桌子，坐到椅子上，弯下腰想把袜子重新穿好。看他摇摇欲倒的样子，身边的宪兵扶了一把，他含混不清地说了一句：谢谢，先生，这个温文儒雅的称谓，早已被国民公会视作旧时代的残余而宣布禁用，提案人正是罗伯斯庇尔。罗伯斯庇尔并非陷入昏乱状态说漏了嘴，他非常的清醒，借着这个字眼表达出大势已去的无奈和自嘲：他所竭力缔造的乌托邦大厦已经轰然崩塌，他所否定的一切即将复活。

罗伯斯庇尔之死

罗伯斯庇尔等一千人犯被移送到门房监狱。罗伯斯庇尔的单人牢房，就在7个月前被他送上断头台的王后玛丽·安托瓦奈特的牢房隔壁，他所得到的待遇甚至还不如安托瓦奈特：已经无法说话的他不断打手势希望得到纸和笔，但没有人理睬，不要说为自己辩护，他甚至丧失了留下一份遗嘱的权利。审判在匆忙中开始，其实根本谈不上什么审判，法官不过是花了三十分钟来宣判22个被告的死刑，执行就在当天。

5点过后，运送死刑囚的马车离开门房监狱，缓缓驶向革命广场。犯人的大部分都已经在昨夜的冲突中受伤，即使这样，他们仍然被绑在囚车的栏杆上，被迫直立着示众，押送囚车的士兵时不时用剑背支起犯人的下颚："看，这个就是圣鞠斯特！那个就是罗伯斯庇尔！……"从来还没有过一个死刑囚，受到过如此残忍和粗暴的侮辱。群众的咒骂声如潮水一般，特别是那些恐怖政治受害者的家属。一个年轻美貌的女子不顾被碾死的危险，死死抓住囚车栏杆不肯松手，声嘶力竭地叫喊："进地狱吧，你们这群恶棍！记住，在地狱里你们也别想摆脱所有不幸的母亲和妻子们的诅咒！"

囚车经过圣托莱诺大街罗伯斯庇尔家门口时，故意停留了片刻。门窗紧闭，罗伯斯庇尔的房东迪普莱一家——他们都是罗伯斯庇尔热烈的崇拜者——不是逃亡便是被捕，只有一群无赖汉在门前又唱又跳。罗伯斯庇尔闭上了眼睛，不知他是否想起

走上刑场的丹东经过这里时所说的那句话："下一个就是你！"当天晚上，暴民冲进监狱，强迫狱卒打开牢门，活生生把迪普莱太太吊死在窗帘杆上。

在一个多小时的行进中，罗伯斯庇尔始终保持着一如往常的威严和冷峻，对咒骂和嘲笑充耳不闻，目光凝视远方。用来包扎下颚的白色绷带浸透了一层又一层鲜血，已经完全发黑，当他走上断头台俯身在刀刃之下，为了满足人们对复仇的渴望，充满恶意的刽子手狠狠撕下绷带，剧痛和愤怒击溃了这个意志坚强如钢铁的男人，他歇斯底里地咆哮，像一头绝望的野兽。

刀刃落下，欢呼声持续了整整15分钟！一切都结束了，或者说，一切又重新开始。从大革命恐怖政治的血污中摇摇晃晃站立起来的法兰西，在不远的将来，将一脚踏进拿破仑战争。

罗伯斯庇尔死后，有好事者为其写了墓志铭：

过往的人啊！不要为我的死悲伤，如果我活着你们谁也活不了！

独裁者？替罪羊？

由于罗伯斯庇尔的手稿和笔记未能全部保存下来，为研究工作带来了很大困难。而罗伯斯庇尔在恐怖统治时期扮演的角色是争议最大的问题。批评者认为他是恐怖统治的理论家，极端残忍，双手沾满鲜血，应为恐怖时期大量无辜者遇害负责。部分支持者指出富歇和俾约·瓦伦等人杀人如麻，远远超过罗伯斯庇尔，认为他在公安委员会实际起到了节制激进派的作用。包括拿破仑在内的一些同时代人认为他在热月期间本打算节制恐怖，惩罚滥杀无辜的富歇等人。

雅各宾派统治时期，恐怖第一次成为官方政治，不像后来，人们用"恐怖主义"指用暴力手段反对政府的方式，法国大革命的恐怖是政府的统治，是由议会投票通过的立法。像罗伯斯庇尔一样，雅各宾政府中的很多成员都是律师出身，他们的恐怖统治采用法律的形式。罗伯斯庇尔从来不是政府首脑，也不是唯一的恐怖主义者，国家安全委员会的其他成员和他一样也要为恐怖政策负责。他们有的

野心勃勃，并不像罗伯斯庇尔一样不可腐蚀。他们嘲笑他关于一个有德行政府的梦想。

在罗伯斯庇尔生命的最后几周里，他把自己关在房间里，不参加任何会议。在这期间，恐怖政策变本加厉，死刑执行更加紧锣密鼓。基于1794年6月10日颁布的法律，不允许被告辩护，不需要确实的证据，不经过法庭审判，就可以判以"反革命"的罪行。

罗伯斯庇尔也有反对恐怖政策的方面，比如他反对无套裤汉强行关闭修道院、禁止一切宗教行为等彻底非基督化的政策。1794年6月，基于启蒙思潮的自然神论，他组织了"最高存在节"，试图统一广泛的宗教信仰。但是这一事件使他在无神论者中成为笑柄，更不能安抚长久以来被打击的虔诚教徒。罗伯斯庇尔也指责某些与军队一起派往各省监督国家安全委员会政策执行的某些专员，这些人运用手中的权力逮捕、恐吓、奴役当地人民，罗伯斯皮尔认为塔耶、富歇、弗雷龙和巴拉斯就是这样的人。

1789年7月26日罗伯斯庇尔死前第三天，发表了他最后的演说：共和国的敌人说我是暴君！倘若我真是暴君，他们就会俯伏在我的脚下了。我会塞给

他们大量的黄金，赦免他们的罪行，他们也就会感激不尽了。倘若我是个暴君，被我们打倒了的那些国王就绝不会谴责罗伯斯庇尔，反而会用他们那有罪的手支持我了……

那些打倒罗伯斯庇尔的人是些比他更无情的恐怖主义者。从本心上来说，他们希望恐怖政策继续下去，但是他们发现，这一政策太不得人心了，6月26日法国对奥地利的战争取得决定性的胜利，恐怖政策在军事上的必要性消失了。这些恐怖主义政客们迅速转向，他们现在说，只有罗伯斯皮尔是恐怖主义者，而他们自己一直专注于战争，保卫法国。在大众的心目中，罗伯斯庇尔很快成了恐怖主义政策的体现者，而罗伯斯庇尔从来没有对社会和政府有决定性影响的事实被人遗忘了。当罗伯斯庇尔说反革命阴谋威胁到法国民众，需要采取极端政策的时候，他只是说出了在外国军队、本国叛乱威胁下法国当时多数人的心声。毕竟，雅各宾派政策是通过国家立法批准的。也许，这正是罗伯斯庇尔如此受中伤的原因：法国社会为了避免正视在那不堪回首的往事中所有人的黑暗内心，必然抓住一个人，让他为所有的恐怖政策负责，可以说，罗伯斯庇尔就是那只替罪羊。

恐怖主义一词来源

　　恐怖主义一词来源于法国大革命，因此牛津英语词典关于恐怖主义的第一个定义是：

　　恐怖主义"如同法国1789—1797年大革命当权的政党实行的威胁一样，凭借威胁的政府"。这个定义，主要是指国家恐怖主义，即政府实行的恐怖主义。此后，在实践中，恐怖主义一词被逐步适用于个人的和团体的各种暴力行为，但是，在恐怖主义的定义上没有新的发展。

　　19世纪末20世纪初在国际上出现的暗杀浪潮以及其他的恐怖行为导致了当时的国际联盟做出反应，成立了一个专家委员会专门研究这个问题。其结果是1937年召开两个国际会议，一个是预防和惩罚恐怖主义的会议，另一个是关于建立国际刑事法庭的会议。前者制定了《防止和惩治恐怖主义公约》，并有27个国家签署了这个公约。但因第二次世界大战爆发没有实行。公约第一条第2项把恐怖主义界定为："恐怖行为是指直接反对一个国家而其目的和性质是在个别人士、个别团体或公众中制造恐怖的犯罪行为。"这是最早在国际性条约中对恐怖行为所作的界定。它明确指出恐怖行为是犯罪行为。这种犯罪行为是直接反对一个国家，而其目的和性质是在个别人士、个别团体或公众中制造恐怖。但是，没有直接指出制造恐怖的手段是暴力。也没有提及国家恐怖主义。因为当时的暗杀浪潮，主要是针对国家和政府的。与法国大革命时由政府实行的恐怖主义显然不同。

20世纪40年代末到50年代初，恐怖主义大都与殖民地的冲突相联系。但是，当时很少把它们称为恐怖主义者，原因是人们对殖民统治的合法性有怀疑。在这期间，恐怖主义已普遍适用于来自反对国家的暴力行为，也适用于像美国三K党那样的保守组织的暴力行为。鉴于这些情况，1989年出版的牛津词典，给恐怖主义界定了两个涵义：其一是专门指法国大革命后政府的恐怖统治；其二是指"意图以恐怖手段打击异己者的政策；威胁方式的使用；引起恐怖的事实或者使人恐怖的情况。"其他词典关于恐怖主义的界定，已不再有法国大革命恐怖主义的专门含义。

思想撷零

如果没有上帝，那就应当捏造一个上帝。

——罗伯斯庇尔

罗伯斯庇尔是卢梭的忠实信徒。他的许多政治思想都发源于卢梭的政治学说。卢梭的《社会契约论》这部著作，被罗伯斯庇尔奉为圣典，并力图在革命实践中将其中的"主权在民"的主张化为活生生的现实。不过，罗伯斯庇尔也并不是原封照搬卢梭的思想，而是将其作为旗帜并在实践中加以创新，使其更加具体化、现实化和特色化。

罗伯斯庇尔的政治思想主要体现在国民公会时期的一些演说中。作为一个真正的民主主义者，他的观点具有鲜明的民主主义色彩。

他认为，法国的政体只能是民主共和国，废除资格限制制度，实行普选制度。

宪法体现"公意"，人民主权制度的原则应当成为新宪法的基础。因为掌权的人总是喜欢滥用权力，所

以宪法的主要任务就在于保护个人的自由和社会的自由免受政府的侵害。

一切权力属于人民，政府及其公职人员必须对人民负责。全体公职人员不过是人民的代表和管事，人民随时都可以任命或罢免。

为了保证人民主权和政府行为的正当性，英国式的三权分立不可取。因为实际上，一切权力都是互相冲突的，联合起来对付人民的，决不会把它们之间的冲突提交人民去解决。

如何避免政府的独裁和专横呢？罗伯斯庇尔提出如下对策：第一，公职人员任期不得超过两年，不准兼职并严格分清各个机关之间的行政、立法和司法职能；第二，全体公职人员不仅要对立法机关，而且要对主权的人民负"精神上和肉体上的"责任。

如何担负"精神上"的责任呢？办法是：全体人民代表必须定期向选民作公开的报告；凡任期届满被认为辜负人民信任的官吏不得再担任任何职务。

如何履行"肉体上"的责任呢？办法是：不管哪一个官吏，只要由于渎职而犯了罪，就应同任何公民犯罪一样，随时可以受到刑事处分。

罗伯斯庇尔特别强调要对人民代表实行监督。他认为，如果人民代表不向任何人报告自己的管理工作，

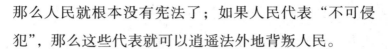

那么人民就根本没有宪法了；如果人民代表"不可侵犯"，那么这些代表就可以逍遥法外地背叛人民。

要使人民能够行使监督自己代表的权利，有三点必须做到：一是立法议会的辩论必须大大公开，而且"听众"越多越好；二是选民必须享有撤换自己代表的权利；三是保证代表们的言论自由，但是犯了渎职之罪要接受特别的"人民法庭"的审判，犯了一般罪行要同全体公民一样受普通法庭的制裁。

罗伯斯庇尔要求消除等级精神，实现社会平等。他认为等级精神把官吏和代表变成了仿佛生来就负有管理和立法的使命的特殊贵族，而人民群众则只好俯首听命。他说道："直到现在，还有不少头脑糊涂的商人和利己的资产者仍然蛮横无理地轻视手工业者，正像过去人们轻视他们一样。啊，多么高尚的傲气！啊，多么良好的教育！这是我们的祸根。只要普通的庄稼汉不能同富有的粮店老板一起坐在参议院里开会，只要手工业者不能同著名的批发商或高傲的律师在人民会议上并肩投票，只要贫穷的知识分子在一个头脑迟钝、荒淫无度的富人面前感到不自在，那么这种灾难就将永无止境地延续下去。"罗伯斯庇尔主张废除职业官吏和议员，使每个公民都成为管理者。

为了提高公民的自主性和主动性，罗伯斯庇尔主

张地方分权和人民参与。中央政权要尽可能少地支配地方自治机关；简化手续、创造条件，提高穷人"出席会议的全部兴趣"。

以上就是罗伯斯庇尔的主要政治思想。当然罗伯斯庇尔所要实现的政治上的民主、自由和平等，是建立在经济不平等的基础之上的。他和他的老师卢梭的思想一脉相承，都打上了小资产阶级的烙印。

在宗教政策方面，罗伯斯庇尔和他的老师卢梭一样，相信有一个统治世界的人格化的神的存在，相信灵魂不灭。

卢梭认为，宇宙是被一个强有力而聪敏的意志所管辖。卢梭说："一个真正的良心就是神圣的庙宇。"他又说："我信仰神和我相信其他任何真理是同样坚定的。"作为卢梭信徒的罗伯斯庇尔正是接受了卢梭的自然神论，而于1793年吵吵嚷嚷地掀起了信仰"最高存在"神的运动。

罗伯斯庇尔的宗教政策是有其政治考虑的。他认为，只有让贫苦的社会成员信仰宗教，把希望寄托在来世善报上才能容忍尘世社会关系的不合理现象。

从小资产阶级的观点来看，没有宗教就不可能有秩序井然的人类社会。首先，宗教是保卫神圣不可侵犯的私有制和维护"秩序"的最好工具；其次，宗教

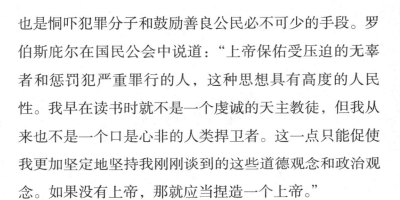

也是恫吓犯罪分子和鼓励善良公民必不可少的手段。罗伯斯庇尔在国民公会中说道："上帝保佑受压迫的无辜者和惩罚犯严重罪行的人，这种思想具有高度的人民性。我早在读书时就不是一个虔诚的天主教徒，但我从来也不是一个口是心非的人类捍卫者。这一点只能促使我更加坚定地坚持我刚刚谈到的这些道德观念和政治观念。如果没有上帝，那就应当捏造一个上帝。"

罗伯斯庇尔在强调宗教的作用时，还说："如果一个人深信他经常受到一个能够看透他的心意、注视着他的一举一动并且总是以绝顶的智慧在识别有罪的人的至善的神的保佑，那么，他的行为必然是明智的和正当的。"在罗伯斯庇尔看来，"美德"本身之所以存在，只是因为有一双决定阴间奖惩的"无所不见的眼睛"在监视着人。因此，为了政权的巩固、社会秩序的安宁以及私有制的生存，"神的存在，来世之说，社会契约和法律的神圣不可侵犯——这些都是我们共和国的坚实基础。"

马克思在揭露宗教的反动实质时指出：宗教是麻醉人民的精神鸦片。罗伯斯庇尔之所以热衷于宗教的宣传和教育，就是因为它是统治人民的必要手段之一。

在这一点上，罗伯斯庇尔始终跳不出资产阶级的小圈子，阶级属性使然，不足为怪。

名垂青史

　　我可以拿自己的灵魂去换取财富，不过我只把财富看作是用犯罪的代价换来的东西；为了不至于成为一个不幸者，我情愿做个穷人。

——罗伯斯庇尔

　　罗伯斯庇尔的结局并不是偶然原因造成的，乃是历史发展的必然结果。资产阶级革命的任务只是扫除、抛弃、破坏旧社会的一切束缚。任何资产阶级革命，一旦完成了这个任务，就完成了它所要做的一切事情。接下来就是如何发展资本主义经济、巩固资产阶级统治的问题了。因此，雅各宾派这个小资产阶级革命民主派的政纲和政策自然就不能越过资产阶级利益的范围。当新兴的大资产阶级要求工商业充分自由，要求彻底取消限价和对投机的限制时，罗伯斯庇尔的小资产阶级的社会理想蓝图就成了资本主义发展的绊脚石。与此同时，罗伯斯庇尔所处的阶级局限性，使他不能从根本上改善劳动人民的地位和生活，因而也要失去

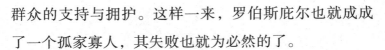

群众的支持与拥护。这样一来，罗伯斯庇尔也就成成了一个孤家寡人，其失败也就为必然的了。

但不管怎么说，罗伯斯庇尔是人类历史上的一位杰出的人物。在他身上体现了时代的色彩、阶级的烙印和个人的风格。他以其卓越的才华、彰显的功绩及高尚的品德，在人类的伟人祠中熠熠生辉，光耀后世。

罗伯斯庇尔是一位出色的演说家。在从事律师职业时，他的演说才能就已显露出来。以后走上政治舞台进行革命时，他的演说才能又不断得到发展，并日益成熟。他的演说立场坚定、旗帜鲜明、庄重文雅、逻辑性强，广大民众都喜欢听。国民公会时期是他的全盛时期。在雅各宾俱乐部里，他的演说往往能激起听众们疯狂的热情。这种情况不仅在他声望最高的时期如此，就是在俱乐部的多数派完全不赞同他的立场的时候也是如此。

罗伯斯庇尔是一个坚定的革命家。他对革命矢志不移的决心，对民主共和国始终不渝的忠诚，像一条红线似的贯穿着他的自觉的一生。为了革命事业和卢梭的理想，他团结和集中一切力量来对付共和国的内外敌人。他把封建专制的象征——国王路易十六，毅然决然地送上断头台，宣判了封建专制制度的死刑；他不屈服国外反动势力的压力，号召民众、组织民众、

宣传革命、鼓舞士气，终于将一切入侵之敌赶出国门，保卫了新生的革命政权。

1793 年，法王路易十六被自己参与设计的断头台处死。

罗伯斯庇尔还是一位品德高尚的政治家。他对待革命工作兢兢业业、不辞辛劳，表现出了一种忘我的精神。无论在国民公会、公安委员会，还是雅各宾俱乐部和巴黎的民主街区，人们到处都可以看到他的忙碌的身影。他刚正不阿、廉洁奉公、虚怀若谷、同情穷人，很受人民的尊敬和爱戴。他在革命期间，不像有些人那样趁火打劫、捞肥吃够，而是操守品行，被称为"不可腐蚀的人"。在政治道德方面，罗伯斯庇尔坚持这样的原则，即一个政治家的私生活必须严格遵循自己的社会理想。因此，他认为自己必须树立在演说中向公民要求的艰苦朴素的榜样。

当然，作为一名小资产阶级的真正代表，罗伯斯庇尔也有一切剥削阶级所共有的缺陷，如表里不一、

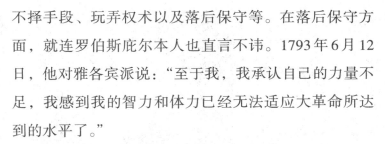

不择手段、玩弄权术以及落后保守等。在落后保守方面，就连罗伯斯庇尔本人也直言不讳。1793 年 6 月 12 日，他对雅各宾派说："至于我，我承认自己的力量不足，我感到我的智力和体力已经无法适应大革命所达到的水平了。"

罗伯斯庇尔的历史就是法国大革命的历史。他领导革命，直到革命的进一步发展开始威胁私有制时为止。在小资产阶级的心目中，革命超出这个范围就变成"无政府状态"。罗伯斯庇尔同忿激派和艾贝尔派展开斗争，力图依靠殷实的小市民阶层，原因就在于此。

18 世纪末法国大革命是世界上最大的、最彻底的资产阶级革命。"这也是第一次真正把斗争进行到底，直到交战的一方即贵族被消灭而另一方即资产阶级获得完全胜利。"（《马恩选集》第 3 卷，第 395 页）它使法国消除了一切过了时的、中世纪的封建势力，瓦解了封建制度，为资本主义在法国的发展，扫清了道路。

以雅各宾专政为高峰的法国大革命，推动了整个欧洲和拉丁美洲的革命运动，它具有深远的世界历史意义。列宁说过："这次革命给本阶级，给它所服务的那个阶级，给资产阶级做了很多事情，以至整个 19 世纪，即给予全人类以文明和文化的世纪，都是在法国革命的标志下度过的。"（《列宁全集》第 29 卷，第

334页）

以罗伯斯庇尔为首的雅各宾派所建立起来的民主专政对后世有较大的影响。列宁对雅各宾派给予很高的评价，认为他们"给法国做出了民主革

←罗伯斯庇尔被送上断头台

命的最好榜样和打击反对共和政体的君主联合的最好榜样"。（《列宁全集》第25卷，第107页）

罗伯斯庇尔虽然被送上了断头台，结束了短暂的生命，但法国大革命的重要性和巨大进步作用却使他名垂青史。

相关链接
XIANGGUAN LIANJIE

对罗伯斯庇尔评价

罗伯斯庇尔是法国大革命中最有争议的人物之一，由于他的手稿和笔记未能全部保存下来，为研究工作带来了很大困难，而对他的评估也往往反映出评论者本人的意识形态。

有些人认为他过于理想主义或思想僵硬，缺乏实际行动能力，但另一些人则认为他善于审时度势，能够抓住适当时机采取行动。批评者称他自我中心、疑心过重、不通人情；支持者则称赞他廉洁正直、目光敏锐，以国家和革命为重。一些人批评他见风使舵，不断改变立场，但也有人认为他坚持的原则和目标始终未变，只根据形势选择达到目标的不同手段。一般认为他在热月期间表现失常，引起国民公会恐慌，造成自己的失败。一些人猜测他当时对革命丧失信心，因此采取自毁行为，也有人批评他愚蠢无能，自作自受。

罗伯斯庇尔在恐怖统治时期扮演的角色是争议最大的问题。批评者认为他是恐怖统治的理论家，极端残忍，双手沾满鲜血，应为恐怖时期大量无辜者遇害负责。部分支持者则指出富歇和俾约·瓦伦等人杀人如麻，远远超过罗伯斯庇尔，认为他在公安委员会实际起到了节制激进派的作用。包括拿破仑在内的一些同时代人认为他在热月期间本打算节制恐怖，惩罚滥杀无辜的富歇等人，才导致后者与右派联合，但一些学者对此提出质疑。一些支持者认为法国当时内忧外患，实施恐怖专政不可避免，但批评者则认为恐怖开创了危险的先例，得不偿失。

罗伯斯庇尔在法国和世界历史上影响深远，19世纪很多欧洲革命家都对他怀有敬意，如布朗基。一些批评者则认为雅各宾专政是从法西斯到共产党等独裁专制政权的前身。罗伯斯庇尔与法西斯之间是否存在一脉相承的关系尚无定论，但鉴于俄国十月革命之后不久便为罗伯斯庇尔立碑，布尔什维克领袖根据法国大革命的经验创造人民民主专政的说法似乎并非空穴来风。由于法国大革命的影响至今尚未消除，学术界仍很难在评价罗伯斯庇尔时达成一致。